学級経営・行事
にも使える！

わくわく楽しい
群読指導
&
群読詩

秋山欣彦 著

明治図書

はじめに

群読とは、複数の読み手で、詩や物語などの文章を声に出して読むことである。複数で分担しながら、表現的な音読、朗読をすることである。詩や文章に対して、自分たちが思ったことや考えたことを踏まえ、聞き手に伝えようと表現性を高めて読むことである。

この群読という言葉は、木下順二氏に始まるとされるが、高橋俊三氏が『群読の授業』（明治図書一九九〇年刊）で唱え広められた。以降、多くの教室でその実践が行われてきた。群読は、「子どもたちと教室を活性化させる」一つの方法である。

群読は楽しい。楽しいだけでなく、日本語の持つ言葉の響き、よさを体感できる。長年、群読に取り組み、詩の群読の授業を行ってきたこの私も、実践者の一人である。

しかし、群読のための、あるいは、群読に適した詩は、たくさんあるという訳ではなく、あまりないのが現状である。群読用の詩なども出回っている。それらは、群読に使えるかという視点で編集されたものである。

それはそうである。多くの詩は、もともと群読のために書かれたわけではないのである。また、すでに作者がいる詩を直して使ったりすることは、原作の持っている作品性を汚したり、損なったりするのではと思っている方も多いかと想像する。

では、どうしようかと考えた。そうだ、私が作ればよいではないかと思った。実に明快である。しかし、詩を作ることには苦労した。リズム、群読のよさを生かせる詩の創造である。このようにして、何年も蓄積してきた群読詩集とその指導方法をまとめたのが本書である。

作った詩は、子どもたちに喜んで読まれたものが多い。詩を作品的に観ても、楽しいものばかりである。是非とも使っていただけるとありがたい。

これらの群読の詩とその学習指導については、それぞれの項で説明しているが、主体的、対話的で深い学び合いが可能である。

新しい学習指導要領では、音読、朗読の項目が明記されている。音読は、自分が理解したことを表出する働きがあり、言葉の意味を考え、言葉の響きやリズムにも留意して声に出して読む活動である。朗読は、児童一人一人が思ったり考えたりしたことを、表現性を高めて伝えることに重点がある。また、今回の学習指導要領では、共有という言葉が出てきた。これは話し合うことであるが、ただ話し合うのではなく、相手の考えを受け入れたり、自分の考えを認めてもらったりしながら、考えを深めていくことである。群読の学習活動は、こういったことを網羅できていることが利点である。つまり、各自で理解したことと表現方法を友達に伝え、それをもとにグループで一つのシナリオを作っていく作業であるからである。子どもに、基礎的な技能・知識を学ばせながら、グループになってどう読むかのシナリオを考える作業を行うことで、それができるのである。もちろん、子どもの実態に応じて、バリエーションを変えていってもよいだろう。

本書では、音読、朗読の指導も含めて、群読の基礎として指導の扱い方を述べている。また、自作の詩だけではなく、教科書に掲載されている詩や物語をどう群読するかも書いているので、参考にしていただきたい。ちょっとした工夫で、教科書教材の詩や物語が、楽しい臨場感や迫力のある群読になるのである。

もちろん、教科書教材にある物語では、一つの活動として群読を取り入れている出版社もある。これは、群読のよさや効果を理解しているからにほかならない。群読を通して、物語の持っている主題に迫るようなことも可能なのである。こういったことは、詩の群読で学んだことが物語の群読をする基盤となっていると想像できる。

さらに、群読詩は、学級経営にも使える。朝の学活、帰りの学活等で活用できる。そういう詩もいくつか用意してある。もちろん、音読朝会、授業参観、林間学校、六年生を送る会等の学校行事にも使える。また、親子・家族で楽しむのもよい。この群読詩を家族で読むことで、親子・家族の関係もよくなると思われる。さらには、音読のサークル等で使っていただくことも可能である。群読のすばらしさに、子どもたち、教師あるいは親や大人が気づいて、日本語の持つ、言葉とリズムを感じ取ってほしいと思っている。

群読を通して、日本語の持つ言葉の語感や響き、あるいは言葉そのものについて興味を持ち、言葉に着目できる人が育つことを祈念している。

秋山欣彦

contents

2 馴染みの作品で楽しくチャレンジ！教科書教材での群読指導

3 そのまま使える！群読詩アラカルト

1

これだけはおさえたい！

群読指導のための基礎・基本

群読のよさは、複数での表現的な音読あるいは朗読を取り入れることにある。その音声表現は一人の表現的な音読、朗読と比べて、作品内容がより広く深くなっていくということだ。詩や物語の表現が情感豊かな芸術的な読み声となって現れ、出ていってほしいと願う。

群読は、ただ声を張り上げただけの一斉音読や大声の集団音読とは違う。群読表現とは、複数の読み手による表現的な音読、朗読を取り入れることによって音声表現に深みと厚みが増し、文章内容がより表現性豊かに伝わるようでなければならないと考える。もっと言えば、聞き手に感動を与えるものとなって初めて群読と言える。

そのためには、群読における基礎・基本の音読が必要である。小さい声で読むことは、群読なら少数で読むことになるだろうし、力強く読むところは、群読なら人数をかけることにもなるからである。

一　表現としての音読

音読には、基礎的な音読がある。はっきりと正しい発音で声を出すこと、そして大きな声で読むこと、まず、これが大事である。口の形にも指導が入る。

さて、ここで、音読において、言葉の意味を理解した上での聞き手にもよく伝わる音読を考えてみたい。つまり、表現としての音読である。言葉には意味がある。ただ、声を出して読めばそれでよいということではない。特に国語科の授業ではいけないと考える。

物語で言えば、作品の中に登場する人物の気持ちや会話、動作、状況等に添った音読が必要になる。詩ならば、詩の主題やリズムなども考えて音読していくことが大切である。

表現としての音読においては、声の大きさ、抑揚、速さ、間の取り方といった技能を身につけ、言葉の意味を考えていく必要がある。その上で、自分なりに考えたことを聞き手に伝えようと表現性を高めて、声に出して読むことができるようになっていく。これが朗読となり、複数で工夫して読む群読となる。

二　音読における声の大きさ・抑揚

繰り返すが、基本的には、はっきりと大きな声で読めるということを身につけさせることが大切である。その上で、小さな声で読むことも意味がある。

次の言葉がある。皆さんご存じの「大きな　たいこ」（小林純一作詞）という童謡の一部である。

おおきな　たいこ　ドーン　ドーン
ちいさな　たいこ　トントントン

これを表現として音読するとしたら、どうであろうか。「おおきなたいこ」なら、音は当然大きくなる。「ちいさなたいこ」なら、音は小さくなる。言葉の意味を踏まえて声の強弱を考えさせる。「ドーン　ドーン」は、大きな声で音読したい。「トントントン」は、小さな弱い声で音読したい。

次の言葉がある。

ぞうはのっしのっし
ありはちょこちょこ

これもどう音読するかと子どもに問えば、答えは難しくない。ぞうの方が大きい動物である。ありの何倍かはともかく圧倒的に大きいし重い。どちらを大きな声で読んだらいいかと尋ねれば、ぞうの方を大きく読むと答えが返ってくる。つまり、「のっしのっし」を大きな声で読むのである。それと対照的に、ありの「ちょこちょこ」を小さな声で読む。登場人物の大きさも音読の強弱に関わる。この対比が表現としての音読のおもしろさである。表現としての音読は楽しいのである。

次の言葉について考えてみよう。

お母さんはかなしそうでした。
お父さんはうれしそうでした。

この二つの文は、どう読むのか。「かなしそうでした」は、かなしいのであるから、声は弱々しくなる。「お父さんはうれしそうでした」は、それに比べて声の大きさをどう読んだらよいか尋ねれば、大きな声で読むとなる。もちろん、うれしそうに読むのであるが、抑揚という視点で捉えれば、こう答えるのが必然である。これが言葉の意味を考えた上での音読なのである。

三　音読における速さ

表現としての音読においては、速さという視点もとても大切である。
次の言葉がある。

①時は、ゆっくりと流れていた。
②しかし、私の心はどきどきしていた。

この二つの文を読むとき、

音読では、速く読むところと遅く読むところがあります。①と②ではどちらを速く読んで、どちらを遅く読みますか。

と尋ねる。子どもはそんなに難しいと思わずに、速く読むのは②で、遅く読むのは①であると答えるであろう。その理由は何かを考えさせれば、「ゆっくりと時が流れ」るのだから、遅く読むのだと答えが返ってくる。「どきどき」しているのだから、心臓の鼓動が速くなっている様子が感じられる。だから、速く読むと答えてくれるであろう。

では、次の言葉について考えてみよう。

駅伝選手の走るフォームはきれいだなと考えていたら、あっという間に走り去っていった。

この文の中で、ゆっくり読むところと速く読むところがあります。どこをゆっくり読み、どこを速く読みますか。

と尋ねる。ゆっくり読むのは、思いを巡らして考えているところで、「駅伝選手の走るフォームはきれいだなと考えていたら」である。速く読むのは、「あっという間に走り去っていった」である。「あっという間」であるくらい時間が短いので、速く読むことが必要である。表現として音読する場合、言葉に即して読めるようにしたい。

四　音読における間

表現としての音読では、とても重要なのが、実は間である。間がないと言葉を意味として音読することができなくなる。もちろん、文節の間、行間の間、読点（、）の間、句点（。）の間がある。しかし、表現としての間は、その通りに読む間ではない。

さて、次の言葉について考えてみよう。

なぜ、あんなにおこっているのだろう……と思った。
とたんに、そのわけを思いついた。

子どもたちに問う。

> この文章で、間を開けるところと、間をあまり開けないで読むところがあります。それぞれどこですか。

これは、案外難しいが、短い二文で絞られているので、答えは出しやすい。出なければ、「……」のところは何の意味か考えさせると、思いを巡らせている部分であると答えが返ってくる。そうすれば、「……」のところを間を開けて読むと答えが出てくるであろう。問題は、間をあまり開けないところである。子どもによっては「なぜ」の後の「、」だったり、「とたんに」の後の「、」だったりする。「とたんに」の後の「、」は間を開けないというのは、子どもたちは理解できる。そこで、

> まだ、間を開けないで読むところがあります。どこですか。

と発問すると、「思った。」と「とたんに」の間をあまり開けて読まないと答えてくれるであろう。文章が短いので探せるのである。

では、次の文について考えてみよう。

夕日が沈んだ。
次の日が来た。次の日があっという間に来た。

間を開けるところと、開けないところを考えてみる。間を開けるのは、時間的経過のある「沈んだ。」と「次の日が来た。」の間である。これは分かる。では、間をあまり開けないで読んだ方がよいのはどこか。それは、繰り返しの部分であり、「あっという間に」という言葉に沿って「次の日が来た。」と「次の日が」の間のところである。もちろん、速く読む部分である。

五　音読における強調

表現としての音読、朗読、群読では、強調（プロミネンス）がある。これには、今まで述べてきたことであるが、次の方法がある。

ア　強調したい部分を強く発音する
イ　強調したい部分で声の高低差をつける
ウ　強調したい部分を少しゆっくり読む
エ　強調したい部分の前で少しだけ間をとる

オ　強調したいところに人数をかける

次の文がある。

昨日、岩田さんとどこであったの？
実は、公民館であったんだよ。

これは、二人の会話文であるが、強調するのは、聞きたいところと答えの部分である。「どこで」と「公民館」が強調したいところである。この部分を強く読むことがあげられる。また、この部分をゆっくり、はっきりと読むということも考えられる。

次の文を強調して読むときにはどうするか。

なんで、あんな場所に行ったの？

「なんで」をゆっくりめで低く、読点「、」で間を開け、「あんな場所」を高めにやや強く音読するということが考えられる。

オの強調したいところに人数をかけることは群読では当然のことなので説明は省く。

六　音読のための記号

記号は、低学年だとあまり必要はないが、シナリオを作る上ではあった方が便利である。特に、間は必要である。ここに示したのはあくまで例である。

間・・・・＜（一拍）　＜＜（二拍）　＜＜＜（三拍）

強弱・・・強く＝　弱く・・・・（つよく・よわく、と書いてもよい）

　　　だんだん強く＜　　だんだん弱く＞

遅速・・・速く〜〜〜　遅く〜　〜　〜（はやく・おそく、と書いてもよい）

強調・・・文字を□で囲む

高低・・・高く┐　低く└（高・低、と書いてもよい）

七　群読のための人数

一年生の教科書教材に、有名な「おおきなかぶ」という作品がある。

（前略）

ねこは、ねずみを　よんで　きました。

ねずみが　ねこを　ひっぱって、

ねこが　いぬを　ひっぱって、
いぬが　まごを　ひっぱって、
（後略）

（教育出版『ひろがることば　しょうがくこくご一上』令和2年度版）

この作品のこの部分を群読する場合は、人数をだんだんと多くして読ませたい。引っ張る人が増えてくるのだから当然である。四人グループで群読させるなら、人数がちょっと足りなくなるが、そこは、声を強くして、「ひっぱって」の声を大きくしていけばよいと考える。人数が増えるところでは原則人数を複数で読ませる。

ただ、人数を増やすということは、人数が増える場合だけではない。強く読ませたいところも複数で読む。

次の言葉がある。

あたりは、しーんとしている。
とてもくらい。
でたー
わーっ
といってにげた。

幽霊屋敷の中に入ったときの様子です。人数を多くして読むところはどこですか。

と尋ねる。

子どもたちからは、びっくりしているので、「でたー」を複数で読むとよいという意見が出る。「わーっ」も同様な考えで、複数で読むと出てくる。やはり、驚いている様子のところを複数で読むというのが基本である。グループで群読させ、実感させたい。

次の言葉ではどうだろう。

ぼくは、走った。
後ろから太郎君がきた。
もう一回力を入れた。
やったあ、一位だ。

グループで群読をする。

この文章でどこを複数人数にして読んだらよいでしょうか。

と子どもたちに問う。「力を入れた」のところは強く読みたい。だから、複数の方がよいという意見が出る。「一位だ」も喜びが伝わってくるから、複数で読みたいという考えも出る。場合によっては、「後ろから太郎君がきた」もどきどきするから、人数を多くした方がよいのではという意見も出る可能性がある。複数で読む場合は、強い気持ちの高まりのところだということを指導したい。つまり、気持ちの高揚している部分の表現は、基本的には複数で読ませるということである。

ただ、複数で読むけれど、驚いたり、びっくりしたりした場合ではないときもある。「重い感じの言葉」のときは複数で、低音で読む場合もある。

草野心平の「ゆき」という詩がある。

ゆき

草野心平

しんしんしんしん
しんしんしんしん
しんしんしんしんゆきふりつもる
しんしんしんしんゆきふりつもる
しんしんしんしんゆきふりつもる
しんしんしんしんゆきふりつもる

しんしんしん
しんしんしん

この詩の「しんしんしんしん」という言葉をどう群読するか。情景は静かな夜、雪がずうっと長い間降っているのである。

ここでは、

この詩のどこを複数の人数で読みますか。

と尋ねる。

一番多いのは、「四つ目の『しんしんしんしんゆきふりつもる』」である。やはり、雪が降り積もっている状態がずうっと続いている情景である。一番長く雪が降って積もっているのは、四つ目の「しんしんしんしんゆきふりつもる」である。このような理由から、四つ目の「しんしんしんしんゆきふりつもる」を、一番人数をかけて読ませたい。

ただし、ここは大きな声で読むということは、作品の主題とかけ離れてしまう。複数であるが、重い感じで、しかも低音で読ませたい。このように、複数で読む場合でも、精神の高揚のときだけではないことをおさえておきたい。

2

馴染みの作品で楽しくチャレンジ！
教科書教材での群読指導

うたに　あわせて　あいうえお

あかるい
あさひだ
あいうえお

いい　こと
いろいろ
あいうえお

うたごえ
うきうき
あいうえお

えがおで
えんそく
あいうえお

おいしい
おむすび
あいうえお

（工藤直子／光村図書『こくご一上　かざぐるま』令和2年度版）

教科書の一年生教材として掲載されている。この詩（文）を群読で読ませたい。一年生のまだ学級開きから時間が経っていない時期である。言葉の響き、音読、群読の楽しさを味わわせたい。また、一年生の初期なので、口形、発音やリズムにも注意させたい。「あさひだ」の「だ」に強さがいってしまう、いわゆる「教室節」には絶対にさせないようにしたい。

調子は、「あかるい」で一拍（一秒くらい）、「あさひだ」で一拍、「あいうえお」で二拍として音読させる。教師は、手拍子あるいはタンバリンで調子をとってあげるとよい。まず、一人一人の音読をしっかりとさせた上で、群読に臨みたい。基本的に四人くらいで考えさせて、グループで読ませたい。「いい　こと」のところは、明るい感じで読ませたい。例えば、人数は「いい　こと」「いろいろ」「あいうえお」のところなら、「いい　こと」を一人で、「いろいろ」を二人で、「あいうえお」をグループ全員で読ませたい。「あいうえお」のところは、みんなで読んだ方がいいか、一人で読んだ方がいいか考えさせる。「いい　こと　いろいろ」とあるからみんなで読むことにしたい。児童には実際にグループ全員で読んだり、一人で読ませたりして、全員の方がよいと思わせたい。

一連ごとにグループで読んでもおもしろい。つまり、「あかるい　あさひだ　あいうえお」を一班が音読したら、「いい　こと　いろいろ　あいうえお」を二班が音読していくという方法である。「あいうえお」を一拍ずつ切って、グループの児童全員で読ませることも楽しい。この時期の児童に、音読、そして、群読の楽しさをしっかりと植えつけさせたい。子どもたちには、「どのグループが『楽しそうに』『元気に』群読できているか」を聞いて、よいグループを誉めるようにしたい。どの子も楽しく音読、群読ができることを意識して指導を行いたい。

おむすび　ころりん

羽曽部　忠

むかし　むかしの　はなしだよ。
やまの　はたけを　たがやして、
おなかが　すいた　おじいさん。
～略～
まて　まて　まてと　おじいさん、
おいかけて　いったら　おむすびは、
はたけの　すみの　あなの　なか、
すっとんとんと　とびこんだ。

のぞいて　みたが　まっくらで、
みみを　あてたら　きこえたよ。
　おむすび　ころりん　すっとんとん。
ころころ　ころりん　すっとんとん。
～略～

（光村図書『こくご一上　かざぐるま』令和2年度版）

一年生教材にある昔話である。これは、群読に適している。

まず、リズムよくしっかりと音読させたい。その上で、群読にもっていく。

調子は、「むかしむかしのはなしだよ。」であるが、「むかし」で一拍（約一秒）、次の「むかしの」で一拍、「はなしだよ」で二拍とる。つまり、「はなしだよ」では「は」で一拍、「よ」で一拍とる。次の「やまのはたけをたがやして、」でも、「やまの」で一拍、「はたけを」で一拍、「たがやして」で二拍とる。教師は、手拍子やタンバリンでリズムをとってあげるとよい。

群読では、四人グループにして学習させたい。四人がお互いの意見を出しやすいし、意見もまとまりやすい。まず、人数を工夫させる。「むかし　むかしの　はなしだよ」では、一人で読むか、はじめの「むかし」を一人、次の「むかしの」で二人、「はなしだよ」を四人で読むなどもできる。最初から全員だと声を合わせづらいということがある。一年生なので、初めに、教師側からこういったことを提示して授業を進めたい。

「まて　まて　まてと」も複数で読む工夫をさせたい。慌てている様子を表すのであるから、子どもたちに考えさせたい。はじめの「まて」を一人、次の「まて」を二人、「まてと」を三人あるいは四人で読むこともできる。

「おむすび　ころりん　すっとんとん。ころころ　ころりん　すっとんとん。」のところであるが、どうしても声を大きく複数で読んでしまいがちである。しかし、「みみを　あてたら　きこえたよ。」に着目させ、複数でよいが、小さい声で読ませるようにする。「ころころ　ころりん　すっとんとん。」は小さい声であるが、「おむすび　ころりん　すっとんとん。」よりも少し大きな声で読ませるとよい。

かさこじぞう

岩崎京子

（～略～）真夜中《ま》ごろ、雪の中を、

じょいやさ　じょいやさ

と、そりを引くかけ声がしてきました。

「ばあさま、今ごろだれじゃろ。長者《じゃ》どんのわかいしゅが、正月買いもんをしのこして、今ごろ引いてきたんじゃろうか。」

ところが、そりを引くかけ声は、長者どんのやしきの方には行かず、こっちに近づいてきました。

耳をすまして聞いてみると、

六人のじぞうさ
かさことってかぶせた
じさまのうちはどこだ
ばさまのうちはどこだ

と歌っているのでした。

そして、じいさまのうちの前で止まると、何やらおもいものを、

ずっさん　ずっさん

と下ろしていきました。

じいさまとばあさまがおきていって、雨戸をくると、かさこをかぶったじぞうさまと、手ぬぐいをかぶったじぞうさまが、

じょいやさ　じょいやさ

と、空ぞりを引いて、帰っていくところでした。

のき下には、米のもち、あわのもちのたわらが、おいてありました。

そのほかにも、みそだる、にんじん、ごんぼやだいこんのかます、おかざりのまつなどがありました。

じいさまとばあさまは、よいお正月をむかえることができましたと。

（教育出版『ひろがることば　小学国語二下』令和2年度版）

この物語のこの場面は、群読に適している。読み方を工夫して読ませたい。「じょいやさ　じょいやさ」のところであるが、ここは、「そりを引くかけ声」に着目させ、グループの全員で声をそろえて読ませたい。そりをみんなで引いていることを根拠に全員となる。特に、

「かけ声がしてきました。」とあるけれど、一つ目の「じょいやさ」と、二つ目の「じょいやさ」は、どう読んだらよいですか。

と、発問することで、はじめの「じょいやさ」は弱く、次の「じょいやさ」はそれよりも強く読むと答えが返ってくる。帰っていくところの「じょいやさ　じょいやさ」は、逆になる。

「ずっさん　ずっさん」のところであるが、ここは、全員で大きな声で読ませたい。

「と歌っているのでした。」や「そして、じいさまのうちの前で止まると、何やらおもいものを」「と下ろしていきました。」などは、ナレーター一人で、交代で読んだりしてもよい。「何やらおもいものを」のところは、「おもいものを」を二人で読むなどの工夫があってもよい。

「のき下には、米のもち、あわのもちのたわらが、」では、「あわのもち」を違う人が読んだり、二人で読んだりすることも可能である。また、「たわら」をグループの全員で読むことで、じいさまとばあさまが驚いている感じを表すこともできる。

「そのほかにも、みそだる、にんじん、ごんぼやだいこんのかます、おかざりのまつなどがありました。」については、読点で間をとらず、また、人数を考えて読ませたい。

どきん

谷川俊太郎

さわってみようかなあ　つるつる
おしてみようかなあ　ゆらゆら
もすこしおそうかなあ　ぐらぐら
もいちどおそうかなあ　がらがら
たおれちゃったよなあ　えへへ
いんりょくかんじるねえ　みしみし
ちきゅうはまわってるう　ぐいぐい
かぜもふいてるよお　そよそよ
あるきはじめるかあ　ひたひた
だれかがふりむいた！　どきん

（光村図書『国語三上　わかば』令和2年度版）

この詩は、三年生教材として扱われている。

これを群読することは難しい部分がある。それはこの詩自体が心内語であるからである。しかし、思いをどう表現するかということは三年生では学習しておきたいことである。

次の発問をする。


この詩で一番強く大きな声で音読するところは、どの言葉ですか。


この発問により、主題に迫らせる。一番強く大きな声で音読するのは、最後の言葉「どきん」である。びっくりしている様子であるから、人数も当然、グループ全員で読むようにさせたい。

次に発問することは、何に触っているのかということである。答えはいろいろ出てくる。「つるつる」していて、「がらがら」と倒れるもの、そして、持ち上げようとするとき、「みしみし」いうもの。ロボット、銅像、大きなおもちゃ、大きな積み木、遊園地にあるもの、壊れかかっているものなど、これを触って押して、壊してしまったという想像ができる。

「つるつる」「ゆらゆら」などのオノマトペは、グループ全員で読んだり、一人ずつ交代で読んだりするということも考えられる。「がらがら」は壊れた感じなので全員で読むという考えもある。読み手が気をつけなくてはいけないのは、「なあ」「ねえ」「るう」「よお」である。言葉を高く上げる感じで読ませたい。「そよそよ」は軽い弱い感じなので弱く読む。「あるきはじめるかあ　ひたひた」も誰にも分からないようにという気持ちが感じられるので、弱く読むようにする。

夕日がせなかをおしてくる

阪田寛夫

夕日がせなかをおしてくる
まっかなうででおしてくる
歩くぼくらのうしろから
でっかい声でよびかける
　さよなら　さよなら
さよなら　きみたち
ばんごはんがまってるぞ
あしたの朝ねすごすな

夕日がせなかをおしてくる
そんなにおすなあわてるな
ぐるりふりむき太陽に
ぼくらも負けずどなるんだ
　さよなら　さよなら
さよなら　太陽
ばんごはんがまってるぞ
あしたの朝ねすごすな

（『阪田寛夫童謡詩集　夕日がせなかをおしてくる』岩崎書店）

この詩は、教科書の三年生教材として扱われている。有名な詩であり、歌としてなじんでいる児童も多い。これを群読するとなると、どのように扱うか。

まず、グループで群読する場合である。

「夕日がせなかをおしてくる」「まっかなうででおしてくる」は、一人ずつ交代で読んでもよいであろう。「歩くぼくらのうしろから」は、「ぼくら」とあるので全員で読みたい。「でっかい声でよびかける」も「でっかい声」であるので、全員で読ませたいところである。児童によっては、「でっかい」だけを全員で読むということを考える子もいる。それはそれでよいと考える。

「さよなら　さよなら　きみたち」は帰りなさいと太陽が言っているので、大きな声で読ませたい。その中でも三つの「さよなら」はだんだん強く大きな声で読ませたい。ただ、太陽の子どもたちを心配している様子、太陽の子どもたちを思う温かさから、決して怒鳴る声でなく、柔らかい大きな声で表現させたい。ここがポイントである。最後の二行とは明らかに声の出し方が違ってくるのである。「ばんごはんがまってるぞ」「あしたの朝ねすごすな」は、とてつもなく大きな太陽の言葉なので、グループ全員で読むようになる。

この詩をクラスで発表する場合は、太陽と僕たちの二つに分かれて、立つ位置も分けて行うとおもしろい。「さよなら」のところもあっちこっちから言わせるという方法もある。「ぐるりふりむき」もいったん後ろを向いてから、前を向いて音読させるという動作を入れる場合もあってよい。

最後の「ばんごはんがまってるぞ」「あしたの朝ねすごすな」は子どもたちが言っているので、元気よく大きな声で、そして、全員で声を出させたい。

おおきな木

島田陽子

おーい
おおきな木
おおきなって
おおきなえだ　ひろげて
おおきなかげ　つくってくれて
おおきなとりや　ちいさなとりや　ようけのむしも
おおきなひとや　ちいさなひとや　いぬねこたちも
おおきに　おおきに　いうて
おおきに　おきにいりの
おおきな木　天まで
おおきなれ
おーい

（教育出版『ひろがる言葉　小学国語四下』令和2年度版）

この詩は、教科書の四年生教材として扱われている。関西弁で書かれた詩である。見てのとおり、木の形に詩が書いてある。一人で読んでもよい詩であるが、群読として扱うことにする。はじめの「おーい」という言葉は、遠くの木に呼びかけるように音読させたい。一人で読んでも複数で読んでもよい。最後の行の「おーい」は、大きな声で、グループ全員で読ませたい。

「おおきなとりや　ちいさなとりや」のところは、強弱をしっかりつけたい。「おおきなとりや」は大きな声で複数の人で読む。「ちいさなとりや」は一人で小さな声で読む。この詩はここがポイントである。「ちいさなひとや」も小さな声で、一人で読ませたい。

また、この詩は、リフレインしていくととても楽しい詩になっていく。音楽で言うところの輪唱である。

おおきな木
おおきなって
おおきなえだ　ひろげて
おおきなかげ　つくってくれて

のところを繰り返して読んでいくのである。つまり、「おおきな木」と言ったら、次の児童が「おおきな木」と読んでいくのである。「おおきに　おおきに　いうて」以下の四行も同じである。四人グループで、四人でつなげて音読していくのである。大きな木のイメージがより強くなっていく。

紙風船

黒田三郎

落ちて来たら
今度は
もっと高く
もっともっと高く
何度でも
打ち上げよう
美しい
願いごとのように

（『黒田三郎詩集　支度』岩崎書店）

この詩は、教科書の五年生教材として扱われている。すごく短い詩である。これを群読するとしたらどうするか。ひと工夫が必要である。

まず、「もっと高く」「もっともっと高く」を、どう読むか考えさせる。だんだん強く、人数も多くしていくことは、群読の経験がある児童なら容易に出てくる。「何度でも」もどう読むか尋ねれば、強く読むことは考えられる。「美しい願いごとのように」は、「願いごと」であるので、柔らかく（口に卵を入れる感じで）読ませたい。人数については、複数でも一人でもよいと考える。

さて、これだけでは終わらない。この詩について、児童に脚本とシナリオを考えさせるのである。次のように発問する。

> この詩を群読するにはもうひと工夫が必要です。皆さんが脚本家となってより群読らしい重厚な詩にして群読してください。

児童にはグループごとに考えさせる。児童から、例えば、「落ちてきたら」「落ちてきたら」などと繰り返していくということを出させる。「今度は」「今度は」「何度でも打ち上げよう」「何度でも打ち上げよう」などと繰り返すことで、より主題を強くイメージさせることができる。

さらには、この詩を一回群読するだけではなく、二回群読することもよい。最後の二行を「夢がかなうように」などと脚本させることもありである。こうすることにより、児童がより主題に迫るとともに、群読のおもしろさ、楽しさを味わうことができる。

大造じいさんとがん

椋 鳩十

～略～

残雪《ざんせつ》の目には、人間もはやぶさもありませんでした。ただ救わねばならぬ、仲間のすがたがあるだけでした。いきなり、敵《てき》にぶつかっていきました。そして、あの大きな羽で、力いっぱい相手をなぐりつけました。

不意を打たれて、さすがのはやぶさも、空中でふらふらとよろめきました。が、はやぶさもさるものです。さっと体勢を整えると、残雪のむなもとに飛びこみました。

ぱっ

ぱっ

羽が、白い花弁のように、すんだ空に飛び散りました。そのまま、はやぶさと残雪は、もつれ合って、ぬま地に落ちていきました。

大造《だいぞう》じいさんはかけつけました。二羽の鳥は、なおも地上ではげしく戦っていました。が、はやぶさは、人間のすがたをみとめると、急に戦いをやめて、よろめきながら、飛び去っていきました。

～略～

（東京書籍『新しい国語五』令和2年度版）

これは、山場のところの文章である。物語の中で、ここは、とても群読に適している部分である。それだけ、強弱、抑揚、間、声の高低などが散りばめられている。人数の工夫もできる部分である。五年生として、素晴らしい群読ができると思われる。基本的にはグループで考えさせる。

「残雪の目には～仲間のすがたがあるだけでした。」はだんだん強く、だんだん速く読ませたい。「いきなり、敵に～」の部分は、戦いの場面で、複数で強く読ませたい。「力いっぱい」も強くグループ全員で読ませたい。「空中でふらふらとよろめきました」は、少しゆっくりめに読む。「。が、」の部分は、しっかりと間を開ける。「さっと体勢～」のところは、読点を意識させず速く読ませたい。

次の「ぱっ」「ぱっ」であるが、一行ずつ並列に書かれている。ここもきちんと考えさせたい。残雪とはやぶさの羽を表していると思われる。ここは、声の高低を意識させたい。はじめの「ぱっ」よりも次の「ぱっ」を高い音程で読ませたい。そして、戦いがより激しさを増している感じをイメージさせ、はじめの「ぱっ」より次の「ぱっ」の人数を多くする方がよい。

「羽が、」の部分も、読点をしっかり意識させたい。間を開けて読ませる。「白い花弁のように、すんだ空に飛び散りました。」は、心配な感じで声を抑え気味に読ませたい。「そのまま、はやぶさと残雪は、もつれ合って、ぬま地に落ちていきました。」も声を抑え気味に読ませたい。

「大造じいさんはかけつけました。」は、かけつけたのであるから、速めに読ませる。ここは一人で読ませてよい。「二羽の鳥は、なおも地上ではげしく戦っていました。」は、「はげしく」とあるので、複数で読ませたい。「よろめきながら、飛び去っていきました。」は、少し弱めに余韻を残すように読ませたいところである。

雨にもまけず

宮沢賢治

雨にもまけず
風にもまけず
雪にも夏の暑さにもまけぬ
丈夫なからだをもち
慾《よく》はなく
決して瞋《いか》らず
いつもしずかにわらっている
一日に玄米四合と
味噌と少しの野菜をたべ
あらゆることを
じぶんをかんじょうに入れずに
よくみききしわかり
そしてわすれず
野原の松の林の蔭《かげ》の
小さな萱《かや》ぶきの小屋にいて
東に病気のこどもあれば
行って看病してやり
西につかれた母あれば
行ってその稲の束を負い
南に死にそうな人あれば
行ってこわがらなくてもいいといい
北にけんかやそしょうがあれば
つまらないからやめろといい
ひでりのときはなみだをながし
さむさのなつはおろおろあるき
みんなにでくのぼうとよばれ
ほめられもせず
くにもされず
そういうものに
わたしはなりたい（※原文はカタカナで旧仮名遣い）

この詩は、教科書の五年生で扱われていたものである。本来はカタカナでしかも旧仮名遣いで書かれているが、ひらがなで現代仮名遣いに直した。四人のグループでどう読むか考えさせて群読させたい。一番ゆっくり読むところ、一番強く読むところ、一番弱く読むところ、淡々と読むところなども考えさせるヒントとなる。行事等においてクラスで群読の発表をすることもできる詩である。

最初の「雨にもまけず」は一人、「風にもまけず」は二人と人数を増やし、「雪にも夏の暑さにもまけぬ」も「負けない強さ」を表すために多数（全員）で読ませたい。そして、「夏の暑さにもまけぬ」を一番大きな声で読ませたい。「丈夫なからだをもち」は、「丈夫な」から元気な感じで、全員で読ませたい。「慾はなくけっして瞋らず」は、一人か全員かはどちらでもよいが、声を抑えて読ませたい。「いつもしずかにわらっている」は、「しずかに」から声を低くゆっくりと読ませたい。一番ゆっくり読むのはここである。「あらゆることを」は、全員で声を張って読ませたい。「よくみききしわかり」は、声をだんだん高く大きく上げて、しかも速くなる感じで読むとよい。

「野原の松の林の蔭の」は、ここで場面が変わるので間を開け、転調させる。一人で声を高くして読ませたい。「小さな萱ぶきの小屋にいて」は、「小さな」から、声を弱くして読ませたい。「東に～」からは、繰り返しの感じで作品が書かれているので、たたみかけるように読ませたい。「東～」を一人、「西～」で二人、「南～」で三人、「北～」で四人として声をだんだんと大きくしていくことが大切である。「行って～」の三行と「つまらないから～」は、一人でも全員で読んでもよいが、だんだん速く、声を大きくしていきたい。「さむさのなつは」を一人で、「おろおろあるき」は、声を落として全員で読むのもよい。「わたしはなりたい」は、全員で力強く読ませたい。

3

そのまま使える！
群読詩アラカルト

一　本章の群読詩の使い方

この章では、群読詩とその指導方法が綴られている。対象は、小学校の先生方である。しかし、それだけにとどまらなくてもよいと考えている。例えば、保護者の方に読んでいただいて、お子さんと群読をする。読み聞かせの会などのサークルで、大人の方が、この中の作品を演じてもらうことも可能である。また、どういった場で使うかは、読んでいただいた方の考え方次第である。授業はもちろんのこと、朝の会、帰りの会、音読朝会、授業参観、各行事等で使うことが可能である。

この群読詩集は、秋山のオリジナルである。作詩は秋山だが、アレンジしていただいて結構である。つまり、〝編詩〟していただいてよい。この言葉を入れてみよう、ここは、繰り返してみようなどと、付け加えてもよい。逆にこの言葉はいらないので削る、という場合もあるであろう。もっとよくなる群読方法も出てくるであろう。そして、「ここをこうしたら、よくなった」と、教えていただけるとありがたい。

二　授業の進め方

授業にあたっては、少人数グループでどう読むかを基本に考えさせたい。四人くらいが一番よいと考える。そうすることで、お互いに個々の意見を出し合い、相手の意見を尊重しながら、よりよい群読のシナリオを練り上げることが可能となる。主体的で対話的な学び、そして、深い学びを可能にするのは、この形態がよいように思う。教師はあくまで、子どもたちのシナリオ作りを支援していく。

そこでは、発問も指示もある。工夫した投げかけで、子どもたちは真剣に考え、よりよい群読を作っていける。もちろん、一斉型の指導において、授業を進めることも可能である。全員による意見交換を通してシナリオを作っていくこともある。

子どもたちが群読のシナリオを考える上で、二点のポイントがある。一つ目は、まず詩を理解するという作業である。詩の持つ意味、リズムなどを考えることが、どう音読するか、朗読するか、そして、群読するかということにつながっていく。例えば、「ここは、悲しい場面だから弱く読む」「ここは、強い意思を表すから、全員で読もう」などと、きちんと考えてシナリオを作っていくことが大切である。意味のない群読はいけない。ここはこうだからこう読むという作品と向き合った思考作業があり、その上での群読なのである。

二つ目のポイントは、音読の基礎を身につけているということが基本となる。このことは、群読を指導する上で、学年が上がるにつれてしっかりと身につけていきたい事項である。当然、高学年でも、子どもたちの群読への慣れが低い場合は、並行的にその都度基礎的な音読指導を取り入れていくことが肝要である。低学年だと、ある程度、教師主導で行っていくことも必要となるかもしれない。子どもの実態に応じて取り組んでいってほしい。

学校行事等でクラス全員で発表するということはおおいにありえる。その場合、クラスでシナリオを作っていく必要があろう。さまざまなアイデアを取り入れた群読の発表ができることを願う。そして、子どもたちの発表が、多くの他の児童や先生、保護者に感動を与えてくれるものと期待する。是非、実践してみていただきたい。

するこ とである。

三　ビデオ再生学習

音声言語の学習指導において、一番大切なことは、子ども自身の音声表現がどうなのか自己評価をすることである。

自分の音声表現は、とかく自己認識しづらい。それは、音声は消えてなくなるものであり、音声を発している主体自身であるからである。

ビデオ再生学習とは、自分の音声表現をビデオに撮り、それを見て自己評価し、よい点は認め、直すべき点は直すという学習スタイルである。この学習方法の利点は、「マイナスの他者評価」を極力少なくできるということである。マイナスの他者評価とは、その子にとって、失敗したところとか、もう少し直したらよいところとかを他者から指摘されることである。

今日の子どもたちは、とかく他者評価を嫌がる傾向にあり、教師から言われることや友達から指摘されたりすることでストレスがたまりやすい。だからと言っていつもストレスを与えないことがよいとは言えないが、無駄なストレスを避けることは必要なことと言える。

子どもたちが、グループごとに群読の発表をする。そのときにビデオを撮る。ビデオを再生する。ビデオを見ながら、児童は、自己評価、他者評価をする。タブレットを使えば、一斉に自分たちの群読を眺めることができる。

自分たちの発表がうまくいっているのかどうかは、肉声だけでは分かりづらいが、ビデオ再生学習では、他者との比較もしやすく自己評価もスムーズにできる。小学校低学年でも、他者評価が客観的にでき、自己評価も自分に厳しくできる。

教師の指導も少なくて済み、子どもたちにストレスもたまりづらい。

このことは、家族で群読を行う場合も同様である。スマートホンなどでセットしておいて撮る。それを家族で見ることで、より楽しい群読にしていくことが可能である。

おーい

秋山欣彦（あきやま　よしひこ）

おーい
おーい
みんなー

なーにー
いっちゃーん
なにやっているんだい

すもうだよー

おーい
そこへ行ってもいいかーい

いいよー
はやくこいよー

大きい声こそいちばん（一、二年生向け）

この詩を学習するときには、まず、次のような発問が用意できる。

「おーい　おーい」と初めに言っている人はだれですか。

答えは、「いっちゃん」である。「いっちゃん」が「おーい　おーい」とみんなに声をかけているのである。「いっちゃん」は一人でいるというように考える。続いて、

すもうをしているのは、だれですか。

と尋ねる。すもうをしているのは、みんなである。みんなと言っても、五、六名くらいをイメージしたい。

次に、

いっちゃんは、どこにいますか。

と問う。子どもたちからは、はなれたところ、学校の二階、昇降口、校庭などという答えが出る。そ

こで、続いて、

みんなは、どこにいますか。

と尋ねる。子どもたちからは、すもうをするのだから、砂場ではないかという意見が出る。出なければ、すもうはどこでするか、補助発問をする。さらに、

みんなといっちゃんはどのくらい離れていますか。

と質問する。例えば、教室から校庭の砂場までの距離だとか、かなり離れていることをおさえる。実際には、五十メートルくらいは離れていることをイメージさせる。ただし、低学年だと、五十メートルは分からないので、自分の学校を使い、距離を想像させるのである。以上の発問によって、場所、位置、人数等を確認する。

その上でどのように読んだらよいかを指導していく。「いっちゃん」は、教室にいて、窓から砂場に向かって声をかけているという状況、あるいは、校庭の隅から砂場に向かって声をかけているという状況を想起させ、大きな声で呼ぶ練習をさせる。上手な子を誉め、他の子もまねさせるとよい。一人の児童ができると他の児童も意欲的に声を出すようになる。

ここで重要なのは、「いっちゃん」である。「いっちゃん」は一人なのである。一人で大きな声を出

すのである。この詩は、一人で大きな声を出さざるを得ない状況を作り出している。「いっちゃん」になりきり、多くの子が大きな声で呼びかけられるよう音読させたい。「いっちゃん」については、できる限り交代で、全員の子が役割をすることが必要である。同時に二つのグループで対抗戦形式により行うことも盛り上がる方法である。

ただ、一、二年生だと教室内でイメージさせて音読させるのは難しい面がある。

そこで、「どこで読んだらよいか」考えさせることもよい。子どもたちは、実際に教室から校庭にいる友達に向かって呼びかけるのである。あるいは、教室からではなく、校庭で「いっちゃん」と「みんな」に分かれ、群読させるのである。その方が、この群読にとっては臨場感が出る。

これは、子どもたちの恥ずかしさを取り除くための群読の詩である。ゲームだという意識を持たせて、大きな呼びかけの声ができたグループの勝ちにするとよい。判定は、子どもたちである。子どもたちが交替で大きな声で呼びかける。

「すもうだよー」と言っている子は、同じグループでもよいし、違うグループの子でもよい。要は、大きな呼びかけの声で、本当に呼びかけるのである。このことは、まさしく実の場なのである。大きな声で群読できたチームが勝ちである。

ところで、教室から校庭に向かって、また、校庭から教室に向かって群読する、あるいは校庭で離れて群読する場合は、学校の先生方や他のクラスにはよく話しておくことが大切である。教室内で行う場合も声が大きくなるので、同様の配慮が必要である。

のみとうし

秋山欣彦（あきやま　よしひこ）

のみははねる
ぴょんぴょん

うしはあるく
のったりのったり

のみはうしのうえを
ぴょんぴょんぴょんぴょん

うしはじめんを
のったり
のったり
のったり

いっしょに

ぴょんぴょんぴょんぴょん　のったりのったり
ぴょんぴょんぴょん
のったり
ぴょんぴょんぴょん
のったり
ぴょんぴょんぴょん
のったり

速く小さくゆっくり大きく（一、二、三年生向け）

この詩は、次の学習内容が内包されている。

声の弱さと声の強さ
速さの遅速
声の低さと声の高さ

ただ、読むだけでも楽しい詩である。一人で読んでもとても楽しい。表現としての音読で指導をすることも可能である。

しかし、それだけでなく、群読にすることで、よりこの詩のおもしろさや楽しさが出てくる。まず、個々に音読させ、しっかりとこれらの内容をつかませた上で、群読にしてグループで楽しませたい。

この詩も、少し群読を経験している児童なら、強弱には気をつけて読もうとする。三年生で群読を経験しているなら、詩を提示して、「声の弱さと声の強さ」「速さの速い・遅い」「声の低さと声の高さ」をポイントとして示し、いきなり子どもたちにどう読むかグループで考えさせていくことができると考える。そして、群読の読み方を練習させ、発表させていきたい。どのグループがこの詩に合った読み方をしたか問うこともできよう。

しかし、一年生はそういうわけにはいかない。まだ、群読の読み方だけでなく、表現としての音読の仕方も身についていないからである。一年生なら次のように発問する。

速く読むところはどこでしょう。

そして、「ぴょんぴょん」を出させる。次に、

ゆっくり読むところがあります。それはどこでしょう。

と尋ね、「のったりのったり」を引き出す。

さらに、「ぴょんぴょん」をどう読むか尋ねる。何人かに指名し、軽やかに高い声で読めている児童を誉め、読み方の確認をする。さらには、うしの「のったり」についてもふれて、まねさせるとよい。ただ、一年生では、声の高低については深く指導をしない方がよい。

ぴょんぴょんぴょんぴょんぴょんぴょん　のったりのったり

これは、もっとも重要な表現である。次のように発問をする。

「ぴょんぴょんぴょんぴょんぴょんぴょん　のったりのったり」が縦に一緒に書いてあります。ここはどう

読みますか。

「いっしょに」と書いてあるので、「のみ」と「うし」の役割の子がいっしょに同時に読むことを確認し、群読の指導を進めていく。「ぴょんぴょんぴょんぴょん」と「のったりのったり」を同時に読んでいくとは、同じリズムで読むということである。「ぴょんぴょん」で一拍、つまり、「ぴょんぴょんぴょんぴょん」で二拍である。「のったりのったり」も「のったり」で一拍、「のったりのったり」で二拍なのである。同時で読むことを練習で合わせるとよい。

では、三年生ならどうするであろうか。

例えば、対戦をし、どのチームがよいか言わせ、そのチームの勝ちとする。グループで読み方を考えさせるのである。教師は、主体的、対話的な話し合いを支援する。

もし、群読の発表に遅速面をとらえたものが出ていない場合は、教師の側で、

まだ、読み方で足りないことがありますよ。

と言って投げかけてもよいし、児童から出なければ「速く読むことと遅く読むことを考えて読むようにしよう」と言って読ませてもよい。

当然、三年生なら、声の高低、強弱にも視点を当てたい。ここも児童に考えさせたい。児童の読みの中に、声の高低、強弱を考えた読み方が出てきたら、それを全体の前で音読させる。子どもの側か

ら引き出させたい。

指導すると次のようになる。

のみははねる

ここは、はっきり読む。「はねる」は軽く高くはねる感じで読む。

ぴょんぴょん

これは、遠く高くやや弱く読む。

うしはあるく

これは、はっきりていねいに、強く堂々と読む。

のったりのったり

ここは、ゆっくり、特に「のったり」の「っ」のところは、少し間が空くように読む。できれば低く読ませたい。

「ぴょんぴょん」と「のったり」の対照的な読みがとてもおもしろく思わず読んでいて笑いが出てくる。子どもたちが楽しく喜んで群読するのである。グループで何度か読ませていると、すごく上手になってくる。

話は変わるが、この詩も親子で読んでみると、とても楽しい詩である。

べんきょうしなさい

秋山欣彦（あきやま　よしひこ）

おかあさんが　がみがみいう
べんきょうしなさい
べんきょうしなさい

おかあさんが　がみがみいう
べんきょうしなさい
べんきょうしなさい

ぼくはへっちゃら　（べんきょうしなさい）
がみがみこうげき　（べんきょうしなさい）
げきたいするぞ　（べんきょうしなさい）

こどもはあそびがいちばん
おじいちゃんがいっていた

おかあさんが　がみがみいう

べんきょうしなさい
べんきょうしなさい

おかあさんが　がみがみいう

べんきょうしなさい
べんきょうしなさい

ぼくはへっちゃら　（べんきょうしなさい）
がみがみこうげき　（べんきょうしなさい）
げきたいするぞ　（べんきょうしなさい）

てつだいするよ　おかあさん
ぼくはよいこだ　やさしいよ

おかあさんが　がみがみいう

べんきょうしなさい
　べんきょうしなさい
　　べんきょうしなさい
　　　べんきょうしなさい

子どもに大ウケの群読（一、二年生向け）

この詩は低学年向きである。この詩の「べんきょうしなさい」の部分を全て取り、「　」だけにして、子どもたちに同じ言葉が入ることを知らせる。

グループで、どういう言葉が入るか考えさえ、その考えた言葉で音読、群読する。ただし、リズムよく読ませることは教師の方で教えてよい。一分間に八十回くらいの手拍子を打つ速さで読ませたい。言葉が当たっていたら合格である。これだけで答えは出てくるが、出てこない場合は、「こどもはあそびがいちばん」という言葉に着目させ、反対となる言葉はどんな言葉かを考えさせる。そうすると「べんきょうしなさい」だと答える児童も多い。そして、当たっていなくても、上手に違う言葉で群読できたら認めてあげる。例えば、「しゅくだいやったの」と答える子や「あそんでばっかりいないで」と考える子もいる。

当たっていたグループの中で、元気よく大きな声で声をそろえて読めたらチャンピオンである。

さて、次の発問をする。

> 「べんきょうしなさい」は何人で読んだらよいですか。

子どもからは、お母さんが強く言うから、たくさんの人で読んだ方がよいという意見が出る。

「べんきょうしなさい」は、グループの全員で読む方がよいと確認する。

「ぼくはへっちゃら」は、グループの中の誰が読むか確認する。これも「ぼく」と言っているから、男子の方がよいということになる。もちろん、女子が読んでもかまわない。「ぼく」になればよいのである。子どもにもそう伝える。

てつだいするよ　おかあさん
ぼくはよいこだ　やさしいよ

この二行は、特にこの詩の中において、重要なところである。転調するところだからである。ただ、低学年では、転調して音読することは難しいので、次のように発問する。

> この詩の中で、おかあさん大好きっていう感じで読むところはどこですか。

これにより、子どもたちは、この二行を気持ちを込めて読むようになる。人数は、転調するため、一人が効果的と思われるが、二人でも、グループ全員でもよいであろう。

最後の「べんきょうしなさい」の四行は、だんだん弱く読んでいく。輪唱的に読むと余韻が残るので効果的である。

雑草のうた

秋山欣彦（あきやま　よしひこ）

たとえ　なんどふまれても
ぼくらはたえるさ　まけないよ
たとえ　なんどふまれても
ぼくらはのびるぞ　どこまでも

ずんずんずんずん
ずんずんずんずん
わっさかわっさか
わっさかわっさか

たとえ　ひでりがつづいても
ぼくらはたえるさ　まけないよ
たとえ　ひでりがつづいても
ぼくらはたえるさ　まけないよ

ずんずんずん　（わっさかわっさか）
ずんずんずんずん　（わっさかわっさか）
ずんずんずんずん
ずんずんずんずん
ずんずんずんずんずん　（わっさかわっさか）
ずんずんずんずん　（わっさかわっさか）

リズムよく声を合わせる（三、四年生向け）

この詩は、三、四年生向けであるが、五、六年生でも使える。教室開きなどによい。ここでは、教師が読み方を教える。

まず、リズムがあることを教える。一分間に八十回の手拍子の速さで読ませたい。☆印のところで手拍子をし、同じリズムで読んでいく。教師が手本を見せる。

☆　☆　☆　☆
たとえ　なんどふまれても
☆　☆　☆　☆　☆
ぼくらはたえるさ　まけないよ
☆　☆　☆　☆
たとえ　なんどふまれても
☆　☆　☆　☆　☆
ぼくらはのびるぞ　どこまでも
☆　☆
ずんずんずんずん

☆　☆
ずんずんずんずん
☆　☆
わっさかわっさか
☆　☆
わっさかわっさか
☆　☆　☆　☆
たとえ　ひでりがつづいても
☆　☆　☆　☆
ぼくらはたえるさ　まけないよ

次に、

ずんずんずんずん　（わっさかわっさか）
ずんずんずんずん　（わっさかわっさか）
ずんずんずんずん
ずんずんずんずん
ずんずんずんずん　（わっさかわっさか）

ずんずんずん（わっさかわっさか）

の部分であるが、ここは、「ずんずん」と「わっさか」を同時に読んでいくのである。

ここで、重要な次の発問をする。

> だんだん書き出しの字が下の方から上にいっているのは、どうしてですか。

これは、だんだん上に伸びていること、そして、だんだん強く読むことを子どもの口から言わせたい。さらには、輪唱的に、「ずんずん」と読んだら、次の児童が「ずんずん」と入っていくようにすると、より雑草のたくましさを出せるようにしていける。

そして、次の発問をする。

> 一番強く大きな声で読むのはどこですか。二文字です。

この問いの答えは、最後の「ずん」である。もし、出なければ、雑草の伸びる強さが一番出ているのはどこか補助発問を行うとよい。

グループに分かれて、グループのだれかが手拍子をしてリズムを取りながら、読んでいくのである。

子どもたちにはゲームだと伝える。ゲームと言っただけでやる気になってくれる。うまくチームワークよく読んだグループが勝ちである。何回か練習していく中で、一回目チャンピオン、二回目チャンピオンと、チャンピオンがどのグループか決めていく。教師の方で、よいグループを評価していく。ときには評価の観点を変え、あえてチャンピオンを変えた方がよい。そして、最後に子どもたち全員の投票でどのチームがチャンピオンか決定する。チームワークよく学習することの大切さも理解させ、群読のおもしろさに触れさせることができる。

この「雑草のうた」は、学級経営にも使える詩である。朝の学級活動でも使える。この詩を群読することで、子どもたちの生き方への意識も高くなる。

行事等で全員に読ませるときには、この詩を二回繰り返すとよい。そうすると、雑草のたくましさ、子どもたちの群読の力強さが聴いている人に伝わっていく。リズムよく、力強く読ませたい。聴いている人を圧倒させる群読詩である。

いるいる

秋山欣彦（あきやま　よしひこ）

クラスのみんなを見てみよう
おもしろいことを言ってわらわす人
いるいる
ちょっとおっちょこちょいな人
いるいる
いつもえがおでわらっている人
いるいる
先生にきかれたら、よく手をあげる人
いるいる
そうじをもくもくとやっている人
いるいる
給食をのこさない人
いるいる
こまっている人にやさしく声をかける人

いるいる

いろいろ　いるいる　クラスのなかま

みんな　みんな

いるいる

いるいる

いろんな人がいるからクラスなんだ

みんな　みんな

大切ななかま

ささえあって

みんな　いるいる

いろいろ　いるいる

いろいろ　いるいる

みんな　いるいる

声を合わせて盛り上げる（三、四年生向け）

この詩は、学級経営をしていく上でもよい教材である。中学年の児童に向いている。特に「いるいる」という言葉のリズムが子どもたちに受け、楽しく学習できる。

はじめの「クラスのみんなを見てみよう」という言葉は、何人で言うか。最初の言葉なので、一人で読むことが多いが、この中の「みんな」という言葉を多くの児童が読むという方法もある。

「おもしろいことを言ってわらわす人」は、どんな感じで読むか。ちょっと明るい感じで読ませたい。ここは、一人で読むことが多い。この「～人」という言葉は、基本的に一人で読むことが多い。

子どもたちに問うのは、次のことである。

> 「いるいる」という言葉は、何人で読んだらよいですか。

ここでは、多くの人数で読むということが出る。クラスには〝そういう人〟はたくさんいるからという理由からだ。グループでの群読なら、全員で読ませたい。ただ、クラスによっては、「いる」と言える人が少ない場合もある。そこは、グループの判断で人数を少なめに言うか考えさせてよい。

また、「いるいる」という読み方にも注目させたい。何人かに読ませ、どの「いるいる」という音読がよいか子どもたちに考えさえる。そして、多数の賛成がある音読の仕方を採用する。

いろいろ　いるいる　クラスのなかま

この言葉であるが、グループで考えさせるとよい。

> 「いろいろ」「いるいる」「クラスのなかま」の三つのそれぞれの言葉を、人数を変えて読むとすると、どう読みますか。

と問いかける。もちろん、グループ全員で読んでもよいが、人数を変えて読んでもおもしろい。「いろいろ」を一人、「いるいる」を二人、「クラスのなかま」をグループ全員で読むということも考えられる。また、「クラスのなかま」のところも「クラスの」を一人で読んで、「なかま」をグループ全員で読むという方法も考えられよう。

繰り返しの言葉にも注目させたい。「みんな　みんな」という言葉である。「みんな」は一語ではなく、二語なのである。

> 「みんな　みんな」について、人数はどのくらいにしますか。

と、子どもたちに問う。「みんな」と言っているのだから、複数で読むと答えるであろう。

次に、

「みんな　みんな」と繰り返していますが、はじめの「みんな」と後の「みんな」で、声の強さはどうしますか。

と尋ねたい。繰り返しの言葉であるので、必然的に二つ目を強く読みたいと多くの児童が答えてくれる。

さて、この詩の主題が書かれている言葉がある。その言葉は、「いろんな人がいるからクラスなんだ」である。児童には次のように発問する。

この「いるいる」という詩で、一番読み手に強くうったえていると思う言葉はどの言葉ですか。

「みんな　大切ななかま」と答える児童もいよう。これも間違いとは言えないが、児童には、

より強く気持ちが出ているのは、「いろんな人がいるからクラスなんだ」ですか、「みんな　大切ななかま」ですか。

と補助発問をする。

ただ、これだけだと意見が集約されない可能性もある。そこで、まとまらない場合は、もう一回追

加して、

実は、答えとなる言葉があるのですよ。それを見つけてください。

と指示する。こう指示することで、子どもたちは、「なんだ」という言葉に注目する。この気持ちが強く出ている言葉は、「いろんな人がいるからクラスなんだ」であることを確認する。そうしたら、

「いろんな人がいるからクラスなんだ」は、どのように読みますか。

と問えばよい。ここを一番強く全員で読ませたい。

この「いるいる」は、授業だけでなく、いろいろな教育活動の場面で使える。音読朝会や学校行事において、クラス全体で読む場合は、男女に分かれて読んだり、いっしょに読んだり、グループごとに読んだりして楽しく表現したい。

クラスでこういった群読に取り組むことは、クラスがまとまる一つの手段となる。繰り返して言うが、学級経営上、効果があるのである。朝の会や帰りの会で、クラス全員で群読し、クラスの意識を高めていくことが可能である。さらには、この群読をすることで、子どもたちの意欲も活性化されて、子どもたちも明るく元気になっていくのである。

じょうき機関車《きかんしゃ》

秋山欣彦（あきやま　よしひこ）

シュッ
シュッシュッ
シュッシュッシュッ
シュッシュッシュッシュッ

ポーッポポー
ポーッポポー

機関車がうたうよ

シュッ
シュッ
シュッ
シュッ
ゴトン
ゴトン
ゴトン
ゴトン

シュッシュッ　ポッポ
シュッシュッ　ポッポ
シュッシュッ　ポッポ
　　　　シュッ　（ゴトン）
　　　シュッ　（ゴトン）
　　シュッ　（ゴトン）
シュッ　（ゴトン）
ゴトン　（シュッ）
ポーッポポー　ポーッポポー
　ゴトン　（シュッ）
　　ゴトン　（シュッ）
　　　ゴトン　（シュッ）
　　　　ゴトン　（シュッ）
　　　　　ゴトン　（シュッ）
　　　　　　ゴトン　（シュッ）
　　　　　　　ゴトン　（シュッ）

イメージを大切にして（二、三年生向け）

二年生の子どもたちに、どう読んでいったらよいかを考えさせる。まず、じょうき機関車の写真を黒板に貼る。

①イメージを描かせる

じょうき機関車を見たことがありますか。

黒い煙をはくじょうき機関車がどういう場所を走っているか頭の中で考えさせる。

じょうき機関車を見ている人は、どこにいますか。絵を描きなさい。

絵は時間をかけず、簡単に描かせる。

じょうき機関車は近づいてきますか。だんだん遠ざかっていきますか。それとも違いますか。

この発問がとても重要である。このことにより、じょうき機関車はどういう状況にあり、どうしていくかをイメージさせる。見ている人がいて、じょうき機関車が近づいてきて遠ざかっていく。山をのぼっていくなど、イメージができあがる。

②どう読むか、考えさせる

グループで群読する。人数を工夫したり、強さを工夫したり、イメージに合わせた群読を心掛けさせる。

群読については、初めて学習する子にはいきなりどう読むかと尋ねても難しいので、基礎的な学習をしながら進めたい。違う教材（詩）を使って教えておくとよい。

③イメージと音読の仕方について話し合う

だれの意見を採用するかを話し合わせる。

④群読で、だれがどこを読む、何人で読むかの役割を決める

⑤練習をする

リーダー（司会）がいるとやりやすい。リーダーは交代制で行うのがよい。

このとき、教師は、よい面を評価し、工夫があるところを誉めるように心掛ける。

クラス全員で群読をする場合、特に次の場面では、人数を工夫したい。例を挙げる。

シュッ　一人
シュッ　一、二班
シュッ　一、二、三、四班
シュッ　全員
ゴトン　弱く
ゴトン　少し弱く
ゴトン　強く
ゴトン　とても強く
（全員）

シュッ（ゴトン）　シュッ（女子）　ゴトン（男子）
シュッ（ゴトン）
シュッ（ゴトン）
シュッ（ゴトン）
（だんだん強く）
ゴトン（シュッ）

ポーッポポー　ポーッポポー　全員

ゴトン　（シュッ）
ゴトン　（シュッ）
ゴトン　（シュッ）
ゴトン　（シュッ）
ゴトン　（シュッ）
ゴトン　（シュッ）
ゴトン　（シュッ）

ゴトン（男子）
シュッ（女子）
だんだん弱く

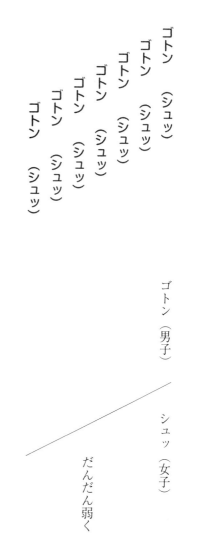

ミツバチのダンス

秋山欣彦（あきやま　よしひこ）

あまいみつがあったよ
あまいみつがあったよ
あまいみつがあったよ
あまいみつがあったよ
あまいみつがあったよ

どこにあるのさ
どこにあるのさ
どこにあるのさ
どこにあるのさ
どこにあるのさ

むこうのれんげのはなばたけ
むこうのれんげのはなばたけ
むこうのれんげのはなばたけ
むこうのれんげのはなばたけ
むこうのれんげのはなばたけ

じょおうさまにしらせなくては
じょおうさまにしらせなくては
じょおうさまにしらせなくては
じょおうさまにしらせなくては
じょおうさまにしらせなくては

そんなにたくさんあるのかい
そんなにたくさんあるのかい
そんなにたくさんあるのかい
そんなにたくさんあるのかい
そんなにたくさんあるのかい
むこうのれんげのはなばたけ　（じょおうさまにしらせなくては）
むこうのれんげのはなばたけ　（じょおうさまにしらせなくては）
むこうのれんげのはなばたけ　（じょおうさまにしらせなくては）
むこうのれんげのはなばたけ　（じょおうさまにしらせなくては）
むこうのれんげのはなばたけ　（じょおうさまにしらせなくては）

じょおうさまにしらせなくては　（そんなにたくさんあるのかい）

じょおうさまにしらせなくては
じょおうさまにしらせなくては
じょおうさまにしらせなくては
じょおうさまにしらせなくては
そんなにたくさんあるのかい
そんなにたくさんあるのかい
そんなにたくさんあるのかい
そんなにたくさんあるのかい
そんなにたくさんあるのかい

(そんなにたくさんあるのかい)
(そんなにたくさんあるのかい)
(そんなにたくさんあるのかい)
(むこうのれんげのはなばたけ)
(むこうのれんげのはなばたけ)
(むこうのれんげのはなばたけ)
(むこうのれんげのはなばたけ)
(むこうのれんげのはなばたけ)

友達から友達へ（三、四年生向け）

この詩は、ミツバチがミツバチへと伝えていく有り様をうたっている。ミツバチのブンブンという音が聞こえてきそうである。

子どもたちには、グループになってどう読んだらよいか考えさせる。

発問は、次のように言う。

> この詩はミツバチのどんな様子を表していますか。

子どもたちからは、みつを見つけたミツバチが、他のミツバチに伝えて、それが次から次へと仲間のミツバチに伝えていく様子だと返ってくる。

書き出しの次の言葉にも注意させたい。

あまいみつがあったよ
あまいみつがあったよ
あまいみつがあったよ
あまいみつがあったよ
あまいみつがあったよ

ここでは、次のように発問する。

> 「あまいみつがあったよ」が繰り返されています。なぜでしょう。

これにより、仲間のミツバチに伝えている様子をしっかりとイメージさせる。さらに、

> 何で、「あまいみつがあったよ」が少しずつ下げて書かれているのでしょう。

と、尋ねる。

だんだんと遠くのミツバチに伝えているという答えを導き出したい。

そうしたら、他の「どこにあるのさ」や「むこうのれんげのはなばたけ」も同じ理由で書かれていることを分からせる。そして、次のように話す。

> この詩は、グループで工夫して読めるようになっています。一番上手にミツバチが伝え合っているように読めたグループをチャンピオンとします。

友達から友達へ伝えるように読めたら、この詩はよいのである。これができていたら、チャンピオンである。チャンピオンは、子どもの意見で、一番好評を得たチームとする。

グループによっては輪唱的に読むところも出てくる。つまり、一人が「あまいみつがあったよ」と言ったら、次の人が「あまいみつがあったよ」と言っていくやり方である。四人のグループなら、四人の輪唱となる。

また、

むこうのれんげのはなばたけ　（じょおうさまにしらせなくては）
じょおうさまにしらせなくては　（そんなにたくさんあるのかい）
そんなにたくさんあるのかい　（むこうのれんげのはなばたけ）

の部分は、同時に読むことを念頭に置いて書いている。ここは、あらゆる方向へのミツバチの伝達が分かるように読めるとよい。

小さい声から大きい声になっていくように、一人から複数になるように読ませたい。最後の節では、だんだんと弱くなるようにして群読を終わらせたい。

ジェットコースター

秋山欣彦（あきやま　よしひこ）

ジェットコースターにのった
こわかった
楽しかった

どちらとも言えないし
どちらとも言える

ゴトン　ゴトン
ゴトン　ゴトン
と坂を上っていく

ゴトン　ゴトン
ゴトン　ゴトン
ゴトン　ゴトン
ゴトン　ゴトン

ゴトン　ゴトン
ゴトン　ゴトン

コースターの上っていく音と
心ぞうの　鼓動《こどう》が合わさって

ドクン　ドクン
ドクン　ドクン
ドクン　ドクン

急にコースターが落ちる
ゴーーーーーー
きゃーーー
わーー
歓声が聞こえる
ぐっと　手すりをつかむ
下までくると少し気持ちが落ち着く

でも右にふられ
左にふられ
ジェットコースターはあれくるう

逆さまになる

なんで　こんなのに
乗ったのだろうと
こうかいする

また　坂を上がる

ゴトン　ゴトン
ゴトン　ゴトン
ゴトン　ゴトン
ゴトン　ゴトン
ゴトン　ゴトン
ゴトン　ゴトン

でも　さっきよりは　心が落ち着く
ゴーーーーー

落ちる
きゃーー
わーー
声が同時に響く
なんだかよろこんでいるさけびに聞こえてきた

手をはなしてみる
なんだか　楽しくなってきた

こわかったり　楽しかったり
変な自分

心の動きと音の調和（五、六年生向け）

ジェットコースターに乗るときの恐怖感とわくわく感、それが出せると、この詩の群読は成功する。「こわかった」の音読は、一人がよいと考える。一人で読むことで、怖さが出る。「こわかった」の言い方は、感情を込めて言える児童がよい。「楽しかった」も同様に一人で言わせるとよい。

次の発問をする。

> 「ゴトン　ゴトン」は、初めが二行、後が六行書かれていますが、なぜでしょう。

これは主題に迫る、とても大事な発問である。子どもたちにしっかり考えさせるようにしたい。子どもたちに考えさせると、少しずつ、どきどきが高鳴るので、だんだん大きな声で、人数を多くして群読するという考えが出てくる。また、「ドクン　ドクン」もだんだんと大きな声で、人数を多くして読ませるとよい。

ゴーーーーーー

これについては、全員で、大きな声で読むようになる。

きゃーーー

わーーー

については、臨場感たっぷりに読みたい。同時に数人で読むなど、工夫したいところである。

「右にふられ」「左にふられ」は、左右に分かれて音読したい。その方が文に即していて効果的である。また、動作化するとより楽しく群読できる。「右にふられ」で右に体を曲げる。「左にふられ」で左に体を曲げるのである。人数がクラス全員での群読なら、より効果的である。

「逆さまになる」は速く全員で読んだり、男子が読んだりするのもよい。

「なんで　こんなのに　乗ったのだろうと　こうかいする」は心情描写なので、一人で読ませたいところである。上手に読める児童をみんなで選んだり、オーディションをしたりすることで、より意欲を喚起したい。

「手をはなしてみる」、ここも一人で読んだり、数人で読んだりして工夫して読ませたい。

「なんだか　楽しくなってきた」は心情描写なので、一人で読むという考えがあろう。また、楽しさが出てきたので複数だという考えもあろう。全員で読むということもありえる。

「こわかったり　楽しかったり」は、男子、女子というように分けて読ませたいところである。

最後の「変な自分」は、自分のことであるから一人で読むことが求められる。グループによっては、最後の一文なのでびしっと決めるために、全員で読みたいという考えが出てくる場合もあろう。それはそれで読ませてもよい。ただ、この最後の一文でこの群読が成功するかしないかがかかっている。しっかり、なりきって読ませたいところである。

花火

秋山欣彦（あきやま　よしひこ）

大スターマインひりゅうのまい打ち上げです
いよいよ花火が打ち上がる

パン
ドカン　（ドドドド）　（パチパチパチパチ）
ドカン　（ドドドド）　（パチパチパチパチ）　（ヒュー）
ドカン　（ドドドド）　（パチパチパチパチ）　ワー
ドカン　（ドドドド）　（パチパチパチパチ）
ヒュー
ドカン　（ドドドド）　（パチパチパチパチ）
ドカン　（ドドドド）　（パチパチパチパチ）　（ヒュー）
ドカン　（ドドドド）　（パチパチパチパチ）　ワー
ドカン　（ドドドド）　（パチパチパチパチ）

ドン　ドン　ドン

たまやー
　　たまやー
　　　　たまやー

一瞬の花、一瞬のゆめ、永遠の感動

心の中にずーんとくる　このいのち

ヒュー
パン
ドカン　（ドドドド）　（パチパチパチパチ）
ドカン　（ドドドド）　（パチパチパチパチ）　（ヒュー）
ドカン　（ドドドド）　（パチパチパチパチ）　ワー
ドカン　（ドドドド）　（パチパチパチパチ）
ヒュー
ドカン　（ドドドド）　（パチパチパチパチ）

ドカン　（ドドドド）　（パチパチパチパチ）（ヒュー）
ドカン　（ドドドド）　（パチパチパチパチ）　　ワー
ドカン　（ドドドド）　（パチパチパチパチ）

ドン　ドン　ドン

音をそっくりに（五、六年生向け）

この詩は、臨場感を大切にしたい。聴いている人が、花火大会のその場の中にいるような感じを受ければすばらしい群読である。

うまくいけば、聴いている人に感動を与えられる。

クラスでの発表にはもってこいの詩である。そのためには、迫力ある群読が要求される。響く、しかも重量のある群読である。

「大スターマインひりゅうのまい打ち上げです」は、アナウンスであるので、そのように、アナウンサーになったように一人で読んでほしい。

ドカン（ドドドド）（パチパチパチパチ）の部分をどう読むかが重要である。これは、三つのパートに分ける必要がある。「パチパチパチパチ」は女子がよい。「ドカン」、「ドドドド」は男子がよい。子どもに話し合わせるとそういう傾向が強い。重みの点でそうなるようである。別にそうならなくてもよいが、子どもたちに聞くと、ほとんどパートはこのように分かれるであろう。「ドカン」と「ドドドド」と「パチパチパチパチ」は、同時に音読し始める。「ドドドド」の最後のドの音が残り、「パチパチパチパチ」のパチの音が残っていく。

もちろん、「ドカン」の後「ドドドド」を唱え、その後「パチパチパチパチ」と唱えてもよい。そういう読み方もあるだろう。「ヒュー」は、一人か数人で読ませたい。「ワー」は、人数を多くした方がよい。全員で読むか、それより少し減らすかどうするかの問題であろう。「たまやー」は難しい。遠くへ音を飛ばすような音読が必要となる。

「たまやー」がだんだん遠くへ行く感じだと、だんだん弱く読んでいくようにする。自分の方へ歓声が届いてくる感じなら、だんだん強くなっていくように群読する。

「一瞬の花……」のところは、落ち着いて、淡々と読むように心掛けたい。私としては、花火の動とのコントラストを考えたい。逆に、ここは感動の中心になるから、もっと人数を多くして読んだ方がよいという意見も出るであろう。

「心の中にずーんとくる　このいのち」は、一人で読むか、人数を多くするか、分かれるところである。グループで検討させても半々になった。心象風景として、話者が語っている部分と捉えるなら、一人で読むようになる。花火を躍動する「いのち」と捉えるなら、ここは、人数を増やして心を込めて張りのある声で読むようになろう。いずれにしても、

子どもたちの話し合いをもとにして、人数、役割分担を決めていけばよい

のである。このとき、重要なのは根拠である。なぜ、そう読むのかを、教師は子どもたちに問わなければならない。

また、教師が論理的に説明する場合もあるであろう。

「ドン　ドン　ドン」は、最後のドンを一番強く読む。ここも慣れてくるとそのようになるが、慣

れていない場合は、

「ドン　ドン　ドン」はどのように読めばよいですか。

と問う。出ないならば、補助発問をする必要がある。最後の「ドン　ドン　ドン」に視点を絞り、児童に訊くのである。

「ドン　ドン　ドン」とありますが、どのドンを強く読みますか。

と尋ねる。一連の花火の最後の音は、強いのが相場ときている。

この詩は、二回繰り返し読んでもよい。

しっかり練習すると、大変迫力のある群読となる。

生きる

秋山欣彦（あきやま　よしひこ）

こころのそこからわいてくる
このみなぎる力
なにもできない
ではなくて
なにかすることはないか
わたしはだめ
ではなくて
わたしもやってみようか
つまらない
ではなくて
たのしいことだらけ
くるしいことこそ自分の力
このみなぎる力
この大切なこと
こころのそこからわいてくる

生きることは力だ

生きる
生きる
生きる
生きる
体中にあふれてくる
生きる
生きる
生きる
生きる
ファイトだ
ファイトだ
なんだか
力があふれてくる
　生きる　（ファイトだ）
生きる　（ファイトだ）
生きる　（ファイトだ）

生きる　（ファイトだ）

こころのそこからわいてくる
このみなぎる力
なにもわからない
ではなくて
なにかわかることはないか
わたしはだめ
ではなくて
わたしもやくにたとうか
つまらない
ではなくて
よろこびをみつけよう
くるしいことこそ自分の力
このみなぎる力
この大切なこと
こころのそこからわいてくる
生きることは力だ

生きる
生きる
生きる
生きる
体中にあふれてくる
生きる
生きる
生きる
生きる
ファイトだ
ファイトだ
なんだか
力があふれてくる
　　生きる　（ファイトだ）
　生きる　（ファイトだ）
生きる　（ファイトだ）
生きる　（ファイトだ）

声を響かせて（四、五、六年生向け）

この詩は学年の最後にぜひとも読ませたい詩である。もちろん、朝の学級活動の時間に声を合わせて響かせて読むことも可能である。学校行事で、クラスの発表において、この群読をしてもよい。多くの職員、保護者からお誉めの言葉を受けること、間違いない詩である。

この詩には意味づけは必要ないだろう。分かりやすい詩だからだ。

また、この詩は、子どもたちの気持ちを高揚させるという利点がある。クラスを盛り上げ、学級経営上の一翼を担える詩である。

自信を持っている子は、堂々と響かせて音読できる。しかし、自分に自信が持てない子は、なかなか大きな声で響かせて音読などできない。全員が声を響かせて群読するためには、グループで相互評価を入れたりして、お互いが高め合えるように取り組んでいくことが重要である。

さて、

ではなくて

というところであるが、前の言葉の否定の表現である。ここは、別の人が複数で読むようにしていくと効果的である。

生きる
生きる

生きる
生きる

のところであるが、低学年、中学年、そして、高学年で群読を行ってきていれば、この繰り返しの意味は考えることができる。力のみなぎっている感じで段々とその意思が強くなっている感じを表せるとよい。一つ目の「生きる」から、次の「生きる」が一段強い音読となっていくのである。「ファイトだ」も同様に後の方が強くなっていくのである。

生きる（ファイトだ）
生きる（ファイトだ）
生きる（ファイトだ）
生きる（ファイトだ）

ここは、リフレインとなっているので、全員で読む場合、声を上げていき、それとともに少しずつ速く読んでいけるとよい。

また、「生きる」と言ったら次の人が生きると追いかけていくという方法もある。音楽で言うところの輪唱である。「生きる」と同時に、「ファイトだ」も一緒に言っていくのである。ある児童は、「生きる　生きる　生きる　生きる」と言っていく。他の子もはじめの子が「生きる」と言ったら、「生きる　生きる　生きる　生きる」と言っていくのである。

最後の「生きる　（ファイトだ）」は、決意の表れとして一番強く読ませたい。

波が打ち寄せる

秋山欣彦（あきやま　よしひこ）

波
波
波
波が打ち寄せる
波が打ち寄せる
くだける波
ザザーン　ザザーン
くりかえす波　ただひたすらに　息をぬくことなく
ザザーン　ザザーン　ザザーン

波
波
波
波が打ち寄せる
波が打ち寄せる

岩をくだく波
ドドーン　ドドーン
はげしい波　なにもかも　たたきくだく
ドドーン　ドドーン　ドドーン

波　波　波

波が打ち寄せる
波が打ち寄せる
春をまつ波
ササーン　ササーン
めぶく波　ああ春が　そこまで来ている
ササーン　ササーン

波　波　波

波が打ち寄せる
波が打ち寄せる
波が打ち寄せる
波が打ち寄せる
波が打ち寄せる
波が打ち寄せる
波が打ち寄せる
波が打ち寄せる
波
波
波

様子をうまく表そう（四、五、六年生向け）

この詩は、上学年向けである。

初めに、「波」が三回続く。どう読むかはそれぞれ意見が分かれるところである。一行目の「波」は一人がよい。次の「波」で人数を増やし、三行目の「波」を全員で大きな声で読む。その方が、波がきている感じがして効果的である。「波が打ち寄せる」は、初めは、半数くらいの人数、後の行は、全員で読んだりするとよいであろう。あるいは、男女に分けて読んでもよい。

「くだける波」は、一人でもよい。四人くらいのグループなら、一人である。クラス全体での群読なら一人か数人で読ませたい。「ザザーン」の繰り返しも、はじめの人数を少なめにして、次の「ザザーン」を強く全員で読む。「くりかえす波」の行は、一人でもよいし、全員でもよい。「ザザーン」の三つの繰り返しは、だんだんと強くなるように、人数を段階的に増やしていきたい。

ドドーン　ドドーン　ドドーン

ここは、一番強く読ませたいところである。子どもたちに次のように問えばよい。

> この詩の中で、一番強く読むところはどこですか。

「春をまつ波」は、やさしく明るく読ませたい。特に、

ササーン　ササーン

のところである。ここは、ザザーンとの対比で考えさせる。次のように発問する。

「ササーン」はどのように読みますか。「ザザーン」と比べて考えてください。

これは、子どもにとっては、難しくない問いである。ザザーンが力強いのに対して、ササーンは軽やかである。軽快に読ませたい。上学年なら、軽快に読むということはどういうことか、考えさせる。何人かを指名し、音読させ、よい音読表現をした読み方をみんなでまねていくということも考えられる。誰が読むか、人数についても考えさせたい。

真ん中あたりにある「波」「波」「波」ははじめと同じようでもかまわないが、波が続いている様子を表しているのであるから、少し変化を持たせたい。子どもたちに、どう読むか考えさせてよい。最後の方の「波が打ち寄せる」は、だんだん文字が下がっている。これについても、

なぜか、文字が下がっていますね。わけがあるようです。どんなイメージがわきますか。

と問う。子どもたちからは、波が繰り返していること、波がずっと遠くまで見えることなどが考えとして出てくる。そうしたら、どう読んだらよいか発問するのである。

子どもの中には、輪唱的に音読していくことに気づく子も出てくる。どうしても出てこなかった場

合は、ヒントとして音楽でやったことがあるとか、「カエルのうた」はどう歌うかと問えばよい。この部分は、「波が」と言ったら、次の数人が「波が打ち寄せる」と言っていくのである。この輪唱的な言い方はとても効果があり、臨場感を増すことができる。さらに、ここでは声の強弱も考えさせたい。

> 声の強さはどのようにしていきますか。

と問う。波は永久的に続いているのである。もし、答えが出ないならば、

> 波はずうっと続いていますよね。終わりはありません。永久的に続くということから、どう読めばよいですか。

と補助発問をする。だんだんと弱く余韻が残るように読ませたい。

この詩は、上学年で、しっかり練習すると素晴らしい群読として、聴いている人を引き込むことができるであろう。

幸せの音

秋山欣彦（あきやま　よしひこ）

幸せの音はどんな音
幸せの音は軽い音
幸せの音は高い音
幸せの音は響く音

きんきんきんきん　たんたんたん
とんとんとんとん　るんるんるん
ずんずんずんずん　らんらんらん

みんな幸せ　すてきなメロディー
そんな世界が来るといい

不幸な音はどんな音
不幸な音は重い音
不幸な音は低い音

不幸な音は響かない

ぼんぼんぼん　　だんだんだん
どんどんどん　　ばんばんばん
すーすーすー　　ぱっさぱっさぱっさ

苦しみあじわう　悲しいしらべ
そんな世界は消えうせろ

ぼんぼんぼんぼん　　だんだんだん　　（きんきんきんきん　たんたんたん）
どんどんどんどん　　ばんばんばん　　（とんとんとんとん　るんるんるん）
すーすーすーすー　　ぱっさぱっさぱっさ　　（ずんずんずんずん　らんらんらん）
（ぼんぼんぼんぼん　　だんだんだん）　　きんきんきんきん　たんたんたん
（どんどんどんどん　　ばんばんばん）　　とんとんとんとん　るんるんるん
（すーすーすーすー　　ぱっさぱっさぱっさ）　　ずんずんずんずん　らんらんらん

幸せの音はどんな音

幸せの音は軽い音
幸せの音は高い音
幸せの音は響く音

きんきんきんきん　たんたんたんたん
とんとんとんとん　るんるんるんるん
ずんずんずんずん　らんらんらんらん

みんな幸せ　すてきなメロディー
そんな世界が来るといい

いろいろな音の読み方で（四、五、六年生向け）

ここでは、一斉指導における流れを示す。
初めに、めいめいに音読させる。三回ほど読ませる。そして問う。

幸せって感じたことがありますか。感じたことがある人。

挙手があれば、その子にどんなとき感じたか確認する。次に、

はじめの「幸せの音はどんな音」は、一人で読んだ方がよいか、もっと人数を多くして読んだ方がよいか、考えてください。

と投げかける。ここは、一人で読んだ方がよいということに導きたい。理由は、出だしということと、尋ねている文であるということである。
続いて、

「幸せの音はどんな音」は、どう読んだらよいですか。考えてください。

と発問する。何人か指名することで、子どもによっては、きちんと疑問形の読み方で、音読する子もいる。それを取り上げればよい。この発問だと分かりづらい場合は、次のように発問する。

この言葉は、普通の言い方で読むのか、それとも尋ねるように読むのですか。

これにより、疑問形で尋ねるように音読することを引き出したい。「音」で声が上がる感じで読めればよいのである。

次には、

「幸せの音は軽い音」は、どのくらいの人数で読んだらよいでしょうか。

と尋ねる。軽い音というのであるから、あまり、多くの人数では読めないことを確認する。「軽い」は、字のごとく軽い感じで読ませたい。声を高く、ただし、響かせないのである。

同様に、

「幸せの音は高い音」は、どのくらいの人数で読んだらよいでしょうか。

と問う。ここは、「軽い音」から「高い音」とたたみかける言い方をしているので、人数を増やすことを確認したい。もちろん、「高い音」であるから、高い音で読むのである。誰かに読ませてみて、上手な子のまねをさせたい。

さらに、次のように問う。

> 「幸せの音は響く音」は、どのくらいの人数で読んだらよいでしょうか。

ここは、たたみかける言い方の三つ目であるから、全員で、口を縦にあけ、遠くへぶつけるように、「響く音」で読みたい。

きんきんきんきん　たんたんたんたん
とんとんとんとん　るんるんるんるん
ずんずんずんずん　らんらんらんらん

ここは、リズムをとって読みたい。何人かの児童に読んでもらって、その中のだれの読みがよいかを考えさせたい。同じリズムで、明るく高い声で読ませたい。「きんきんきんきん」よりも「たんたんたんたん」をより大きな声で読むようにする。

みんな幸せ　すてきなメロディー
そんな世界が来るといい

これは、明るく、響かせる声を出させたい。子どもたちには、口を大きく開け、卵を口に入れた感じで音読するように指導する。そして、問う。

「みんな幸せ　すてきなメロディー　そんな世界が来るといい」は、人数をどのくらいにして読みますか。

ここは、「みんな」という言葉や「そんな世界が来るといい」という願いの言葉から、全員で読むということを導き出したい。

今度は、不幸な音である。一人で、男子に読ませたい。声を抑えて、低く読ませたい。幸せの音とは対称的に読ませたい。その意識を持たせることが大切である。

不幸な音は重い音
不幸な音は低い音
不幸な音は響かない

この言葉は、重く、低く、響かない声で読ませる。こう言っても難しい面もあるが、重い声は、男子に言わせるなどということも考えられる。響かない声は、のどをおさえて音読するのである。ここは、教師が見本を見せて指導する。

ぼんぼんぼんぼん　だんだんだんだん
どんどんどんどん　ばんばんばんばん
すーすーすーすー　ぱっさぱっさぱっさ

「ぼんぼんぼんぼん　だんだんだんだん」「どんどんどんどん　ばんばんばんばん」は、少し怒ったように、読むという指示を与えるとよい。

「すーすーすー　ぱっさぱっさぱっさ」は、沈んだ感じで悲しく読むように指導する。ただ、この音読は、なかなか難しい面もあるので、無理強いはできない。何名か指名し、音読させ、上手な子のまねをさせたい。

苦しみあじわう　悲しいしらべ

「苦しみあじわう　悲しいしらべ」も同様で、悲しい感じで声を落として読ませたい。人数は子どもたちに任せる。

そんな世界は消えうせろ

これは、子どもたちにどう読むか尋ねればよい。ここは、全員で読むという答えが返ってくるであろう。そして、「そんな世界は消えうせろ」を、気持ちを込めて、訴えるように力強く読ませたい。

波紋《はもん》

秋山欣彦（あきやま　よしひこ）

ひとつ
ふたつ
みっつ
よっつ
いつつ
むっつ
ななつ
やっつ
ここのつ
とお
…………

ひとつ
ふたつ
みっつ

よっつ
いつつ
むっつ
ななつ
やっつ
ここのつ
とお
・・・・・・・・・・・

はもんがはもんをつくっていく
ひとつのはもんが
全体をつくり
うちゅうをつくっていく

しずかなうちゅう

たった一つの点が
すべてのはじまり

はもんがはもんをつくっていく
ひとつのはもんが
全体をつくり
うちゅうをつくっていく

静かな群読をしよう（五、六年生向け）

この詩のポイントは、静けさである。静けさをいかに群読の中で出していくかが重要である。レベルが高いので、高学年向けである。子どもたちには、このポイントを理解させ、表現させるように試みたい。

群読における強弱、間、音の高低などはあるが、基本的には、あまり抑揚はつけず、淡々と朗々と読ませたい。

「ひとつ」「ふたつ」「みっつ」……のところは、波紋が広がって行く様子を表している。群読において、「ひとつ」「ふたつ」「みっつ」と人数を増やす読み方もあろう。

また、「ひとつ」「ふたつ」「みっつ」というところであるが、「ひとつ」と読んだら、次の人が「ひとつ」と追いかけていく読み方も、この詩を表現する上では一つの手段となろう。子どもたちの群読のレベルが高いとこういったことも出てくる可能性がある。

次のように発問する。

> 人数を増やしていく方法で波紋が広がって行く様子を群読できますね。より効果的な方法は他にはないでしょうか。

この問いかけで、次のように読ませたい。

※A、B、Cはそれぞれの人。

A
ひとつ
ふたつ
みっつ
よっつ
いつつ
むっつ
ななつ
やっつ
ここのつ
とお

B
ひとつ
ふたつ
みっつ
よっつ
いつつ
むっつ
ななつ
やっつ
ここのつ
とお

C
ひとつ
ふたつ
みっつ
よっつ
いつつ
むっつ
ななつ
やっつ
ここのつ
とお

A、B、Cの人がそれぞれ輪唱的に追いかけて読むことにより、波紋が広がって行く様子を表すのである。

実際にやってみせることにより、実感させることもできる。

授業の導入では、個々に声を出させて五回ほど読ませる。声を出すことによって、まず、個の読み取り方を大切にする。また、音のイメージを思い浮かべさせる。よく読めていないと思えたら、個別指導を行い、読ませることが大切である。

次の発問をする。

> この詩から、どういう情景（場所）を思い浮かべますか。

この発問は、情景把握のために欠くことのできない発問である。簡単に絵に描かせても効果的である。ただし、絵の中に人を描いてはまずい。人がいると「うちゅう」ではなくなってしまうからだ。広い池の中に水滴や虫などによる波紋の始まりがあろう。その他のものは見えなくてよい。映らなくてよいのである。話者は波紋だけを見ている。その中に小宇宙を感じているのである。

続いて、次の発問をする。

> 「ひとつ」「ふたつ」「みっつ」……は読み方の強さをどうしますか。

それでも難しい場合は、教師が三択の方法で読んであげて、どれがよいか考えさせる。例えば、一つ目は、同じ音程で淡々と読む読み方、二つ目は、初め強くて、だんだんと弱くなっていく読み方、三つ目は、初め弱くて、だんだんと強くなっていく読み方である。

あるいは、何人かの子どもに読ませてみて、だれの読み方がよいかを考えさせる。波紋が広がっていくイメージである。やはり、だんだんと声を強めていくことがよいことを確認する。人数を考えるなら、だんだんと人数を増やすという考えが出てくる。ただ、グループ四人で群読をする場合は、一人で「ひとつ　ふたつ」を読み、二人で「みっつ　よっつ」を読む、三人で「いつつ　むっつ　ななつ」、四人で「やっつ　ここのつ　とお」を読むなどとしたい。そして、最後の「とお」は一番強めに読ませたい。

さらに、次の発問をする。

> 波紋がだんだんと広がっていきます。「ひとつ　ふたつ　みっつ　……」の間の開け方はどうしたらよいでしょうか。

これにより、間をだんだんと開けていくことを確認する。子どもから出ないならば、

> 波紋がだんだんと広がっていきますね。このことを考えて間を工夫しましょう。

と、補助発問をする。

ポイントは「静けさ」である。静けさを感じる読み方を考えさせればよいのである。元気すぎては

いけない。レベルが高くなると、「静けさ」に「荘厳さ」が加わってくる。淡々としかも荘厳に響くように読ませたい。ただ間違ってはいけないのは、「静けさ」すなわち「弱さ」ではない。

それができたら、今度は、「ひとつ」「ふたつ」「みっつ」……の波紋の広がりの読みに移る。波紋がだんだんと広がっていくことが分かるような読み方である。先に述べたように、人数や追いかける読みなどが子どもから出てくるようになったらすごいと思う。群読の学習をかなりやってくると、人数や追いかける読みについては、子どもの方から出てくるようになると思う。まだ、群読の学習があまりされていないなら、教師の方から投げかければよいのである。「人数を工夫して読んでみよう」とか追いかけて読ませてみて、どちらがよいかを考えさせることも考慮しなくてはならない。

この詩は、群読の指導において難しい面もあるが、しっかりと読めると、聴いている人を感動させることができる。

キャンプファイヤー

秋山欣彦（あきやま　よしひこ）

天をこがすよ　燃え上がる炎
さあ、キャンプファイヤーのはじまりだ

えんやらやえんやらや
えんやらやえんやらや
くろいやみ夜に　まっかな火柱
みんなたのしくおどりだす
えんやらやえんやらや
えんやらやえんやらや
やっほっほやっほっほ
やっほっほやっほっほ
えんやらやえんやらや
やっほっほやっほっほ
たのしいダンス　もえろよ炎
だれでもみんなうかれてくる

やっほやっほっほ
えんやらやえんやらや
やっほっほやっほっほ
えんやらやえんやらや

やっほっほやっほっほ　　（えんやらやえんやらや）
　やっほっほやっほっほ　　（えんやらやえんやらや）
　　やっほっほやっほっほ　　（えんやらやえんやらや）
　　　やっほっほやっほっほ　　（えんやらやえんやらや）
やっほっほ

天をこがすよ　燃え上がる炎
さあ、キャンプファイヤーのたかまりだ
えんやらやえんやらや
えんやらやえんやらや
くろいやみ夜に　まっかな火柱
みんな元気におどりまくる
えんやらやえんやらや

えんやらやえんやらや
やっほやっほっほ
やっほやっほっほ
えんやらやえんやらや
やっほやっほっほ
たのしいダンス　もえろよ炎
だれでもみんなうかれてくる
やっほやっほっほ
えんやらやえんやらや
やっほやっほっほ
えんやらやえんやらや

やっほやっほっほ　（えんやらやえんやらや）
　やっほやっほっほ　（えんやらやえんやらや）
　　やっほやっほっほ　（えんやらやえんやらや）
　　　やっほやっほっほ　（えんやらやえんやらや）
やっほっほ

なりきって群読だ（五、六年生向け）

この詩は、もちろんキャンプファイヤーの詩である。もう、恥ずかしがっていてはだめである。林間学校等のキャンプファイヤーで使っていただけたら幸いである。

「えんやらやえんやらや」

「やっほやっほっほ」

この言葉はとても大事な言葉である。この声が、あちこちで聞こえたらすばらしい。クラスごとにこの言葉を言うことで、とても盛り上がる。例えば、順番にクラスごとに言わせる。あるいは、グループになって言わせる。子ども一人一人が全員と一体になる。この感覚を大事にしたい。また、これらの言葉を輪唱的に言わせることもできる。「やっほっほ」と言ったら、次の人たちが「やっほっほ」と言っていくという方法もある。

最後の「やっほっほ」は、しめの気持ちで、全員で元気よく声を出したい。

実際に、覚えたら、校庭に行ってやらせたい。グループで行い、キャンプファイヤーに行って実際にやっている気になって、動作もしながら群読する。

ずばり、林間学校では、対抗戦で行うことで、より盛り上がることができるであろう。なりきって群読できたクラスやチームがチャンピオンである。また、個人の表彰をしてあげることも盛り上がる方法の一つである。子どもは喜ぶ。本気でやることが重要で、それは聴いている人（保護者参観等でもよい）を感動させる。

御輿《みこし》

秋山欣彦（あきやま　よしひこ）

遠くから御輿が来る
せいや　せいや　せいや　せいや
せいや　せいや　せいや　せいや
だんだんと近づいてくる

せいや　せいや　せいや　せいや
せいや　せいや　せいや　せいや
せいや　せいや　せいや　せいや
せいや　せいや　せいや　せいや

わたしの前で
御輿は、一段ともまれ
荒海にいる船のようにゆれている

笛の合図とかけ声がいさましく響く
今年も豊作だ
今年もいいことばかりだ
神様にささげる祈り
感謝の御輿だ

せいや　せいや　せいや　せいや
せいや　せいや　せいや　せいや
せいや　せいや　せいや　せいや
せいや　せいや　せいや　せいや

せいや　せいや　せいや　せいや
せいや　せいや　せいや　せいや
せいや　せいや　せいや　せいや
せいや　せいや　せいや　せいや

だんだんと御輿がはなれていき
また、新たな御輿が近づいてくる

わっしょい　わっしょい　わっしょい　わっしょい
わっしょい　わっしょい　わっしょい　わっしょい
わっしょい　わっしょい　わっしょい　わっしょい
わっしょい　わっしょい　わっしょい　わっしょい

今年も平和だ
今年もいいことばかりだ

神様にささげる希望
願いの御輿だ

わっしょい　わっしょい　わっしょい　わっしょい
わっしょい　わっしょい　わっしょい　わっしょい
わっしょい　わっしょい　わっしょい　わっしょい

わっしょい　わっしょい　わっしょい　わっしょい

わっしょい　わっしょい　わっしょい　わっしょい
わっしょい　わっしょい　わっしょい　わっしょい
わっしょい　わっしょい　わっしょい　わっしょい
わっしょい　わっしょい　わっしょい　わっしょい

せいや　せいや　せいや　せいや
せいや　せいや　せいや　せいや
せいや　せいや　せいや　せいや
せいや　せいや　せいや　せいや

わっしょい　わっしょい　わっしょい　わっしょい
わっしょい　わっしょい　わっしょい　わっしょい
わっしょい　わっしょい　わっしょい　わっしょい
わっしょい　わっしょい　わっしょい　わっしょい

勢いよくその場にいるように（五、六年生向け）

御輿の様子を群読用に詩に描いたものである。子どもたちにとって楽しい詩である。リズムがあり、かけ声がある。大きな声で群読ができる教材である。中学年でも群読が可能である。

はじめの「せいや」の二行について、次のように発問する。

> はじめの「せいや」の二行の声は大きい声がよいですか。小さい声がよいですか。

「遠くから御輿が来る」とあるから、小さい声で読んだ方がよいとなる。グループで群読する場合、やはり全員で行っても、小さい声で行うように指導する。

せいや　せいや　せいや　せいや
せいや　せいや　せいや　せいや
せいや　せいや　せいや　せいや
せいや　せいや　せいや　せいや

これらの「せいや」の四行の群読はどうしたらよいか聞く。「だんだんと近づいてくる」とあるので、だんだんと大きな声で群読する必要がある。この四行のうち、最後の行は最大の音量が必要となる。

「わたしの前で」は、一人の子に読ませるのがよい。私一人が感じている言葉だからである。

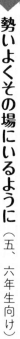

「御輿は、一段ともまれ　荒海にいる船のようにゆれている」では、人数を増やしていき、「笛の合図とかけ声がいさましく響く」は全員で大きな声で群読する。「今年も豊作だ」は、男子に読ませたりする工夫も必要である。「今年もいいことばかりだ」は女子が読んでもよいし、全員で群読してもよい。「神様にささげる祈り」は一人の音読、「感謝の御輿だ」は全員の群読などとしてもよいであろう。

さらに、

> 途中に出てくる「せいや」の八行はどう読みますか。

と問う。子どもからは、「だんだんと御輿がはなれていき」とあるから、だんだんと弱く読んでいくということが導き出される。

次の「わっしょい」のところの指導も「せいや」の指導と同じように行う。

最後の「せいや」の四行と「わっしょい」の四行は、同時に右と左に分かれて群読するとよい。これを繰り返してもう少し長く群読するとよいであろう。子どもは、かけ声の競演でとても元気のある勇ましい声で群読する。

子どもたちには、御輿を担いでいるような動作を取り入れて群読させると、意識も高まり、より効果的である。

祭り囃子《ばやし》

秋山欣彦（あきやま　よしひこ）

太鼓《たいこ》の音が腹に響く
ドドンガ　ドン　ドン　ドドンガ　ドン
小太鼓の音が耳にこだまする
タンカタンカ　タンカタンカ　タンタカタン　タン
笛の音が胸を突き抜ける
ピー　ピー　ピーヒャララ
かねの音がリズムをとる
チャンチャラチャンチャラ　チャンチャラチャンチャラ　チャンチャラチャンチャンチャン

ドドンガ　ドン　ドン　ドドンガ　ドン
ドドンガ　ドン　ドン　ドドンガ　ドン
ドドンガ　ドン　ドン　ドドンガ　ドン
ドドンガ　ドン　ドン　ドドンガ　ドン

タンカタンカ　タンカタンカ　タンタカタン　タン

タンカタンカ　タンカタンカ　タンタカタン　タン
タンカタンカ　タンカタンカ　タンタカタン　タン
タンカタンカ　タンカタンカ　タンタカタン　タン

ピー　ピー　ピーヒャララ
ピー　ピー　ピーヒャララ
ピー　ピー　ピーヒャララ
ピー　ピー　ピーヒャララ

チャンチャラチャンチャラ　チャンチャラチャンチャラ　チャンチャラチャンチャンチャン
チャンチャラチャンチャラ　チャンチャラチャンチャラ　チャンチャラチャンチャンチャン
チャンチャラチャンチャラ　チャンチャラチャンチャラ　チャンチャラチャンチャンチャン
チャンチャラチャンチャラ　チャンチャラチャンチャラ　チャンチャラチャンチャンチャン

光るあせ　脈打つ　腕
振り上げる　ばち　見事にそろって打ちつける
力が力となって心にどすんと響く
リズムがリズムとなってこの世界をやぶる

ああ　この感じだ
むかしから　ここにいる
ああ　この感じだ
息をしている

※以下同時に音読する

ドドンガ　ドン　ドン　ドドンガ　ドン
ドドンガ　ドン　ドン　ドドンガ　ドン
ドドンガ　ドン　ドン　ドドンガ　ドン
ドドンガ　ドン　ドン　ドドンガ　ドン

タンカタンカ　タンカタンカ　タンタカタン　タン
タンカタンカ　タンカタンカ　タンタカタン　タン
タンカタンカ　タンカタンカ　タンタカタン　タン
タンカタンカ　タンカタンカ　タンタカタン　タン

ピー　ピー　ピーヒャララ

ピー　ピー　ピーヒャララ
ピー　ピー　ピーヒャララ
ピー　ピー　ピーヒャララ

チャンチャラチャンチャラ　チャンチャラチャンチャラ　チャンチャラチャンチャンチャンチャン
チャンチャラチャンチャラ　チャンチャラチャンチャラ　チャンチャラチャンチャンチャンチャン
チャンチャラチャンチャラ　チャンチャラチャンチャラ　チャンチャラチャンチャンチャンチャン
チャンチャラチャンチャラ　チャンチャラチャンチャラ　チャンチャラチャンチャンチャンチャン

※繰り返す（自由に）

ほんものの屋台囃子のように（五、六年生向け）

この詩は、勢いよく笛や太鼓、鐘の音が響き渡る様子を表している。子どもたちに指導するときは、このことをおさえておくことが大切である。

リズムがあり、音の調和があり、時には、強く話者に聞こえる音もある。生命感、躍動感を感じるように群読できるとよい。

次の発問をする。

> どんな音が聞こえますか。それはそれぞれ何の音ですか。

それぞれの音が書かれているので、このことは子どもにとって容易である。太鼓は当然大太鼓をイメージさせる。

続いて太鼓の音読はどのようにするか考えさせる。

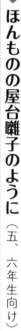

まず、声の高さはどうするかである。太鼓であるので、低い音、大きい音というのが出てくる。これを群読するのであるから、どうするか考えさせる。つまり、次には、だれが音読するかを考えさせる。低い声でできる男子に読ませる、などという意見が出る。

ここで、人数を多くした方がよいかどうか発問する。多くした方がよいという子は、太鼓の強い響きなので、多い方がよいという理由を述べる。逆に人数を少なくして、低い大きい声で読んだ方がよいという考えも出てくる。四人のグループで群読するなら、男の子一人になるであろう。三十人くらいなら、男子五人くらい。もちろん、はじめの太鼓のところは男女全員で音読してもよいし、男子全員でもよいであろう。

小太鼓や鐘については、高い音なので、女子が音読するのがよい。はじめのところは、男女全員でもよいし、女子全員でもよいであろう。

最後のところは、それぞれ（太鼓、小太鼓、笛、鐘）のパートに別れて同時に音読する。手拍子をしたりしてリズムをそろえ、まるで屋台の囃子のように群読するのである。「ドドンガ　ドン　ドンドドンガ　ドン」と太鼓のパートが音読するときに、小太鼓は「タンカタンカ　タンカタンカ　タンタカタン　タン」を音読する。鐘は「チャンチャラチャンチャンチャラ　チャンチャラチャンチャラ　チャンチャラチャンチャンチャン」が終わらないといけない。音楽で言えば、四拍である。「ドドンガ」で一拍、「ドンドン」で一拍、「ドン」で一拍である。一拍は一秒くらいの速さにする。「チャンチャラチャンチャラ」が一拍分である。笛は、四拍で「ピー　ピー　ピーヒャララ」が終わればよい。笛の「ピー」は一拍分である。「ピーヒャララ」は二拍である。

それぞれのパートが調和をもって音読するとよいし、場合によっては、あるパートが目立つようにしてもよい。

繰り返しの回数などは、自分たちで考えて行えばよい。全校朝会等での行事における発表会では、より多くの繰り返しがあってもよい。

これは大人がやっても楽しめる群読詩である。

おわりに

令和の時代になった。私の実践は平成の時代のものであるが、今でも子どもたちに群読をさせれば、喜ぶだけでなく、今の時代にマッチしている部分も多いと考える。実際に使ってもらえたなら、子どもたちが意欲的に学習するだろうと確信している（「かさこじぞう」では、令和になって実践で確かめることもできた）。

この度、拙著を刊行することができたことは、ひとえに明治図書のお力添えによるものである。特に編集部の林知里様には、構成面や内容面でご示唆、ご支援をいただいたことに、この場をお借りして御礼申し上げる。

私の群読の実践は、群読を世に広められた高橋俊三先生のご指導によるところが大きい。高橋先生が群馬大学におられたときに、サークルに通って学んだことが、群読の詩を書くきっかけにもなっている。そして、ずっと何年もためてきた実践をこの度披露することができたことは、この上ない喜びであり、心より感謝申し上げたい。

拙著は、主体的・対話的で深い学びに使える本である。言葉をよりどころに、自分で考える、友達と話し合うといった活動を通して、深い学びができる。それは、群読のポイントや仕方を学ぶことが散りばめられているからである。こういったときには、こういう読み方をすればよいというのが身につくようになっている。本書を通して指導していけば、子どもたちに学び方が身につくようになっているのである。

また、学級経営にとても効果的な詩も多い。子どもたちがみんなで群読し、クラスの仲間意識を醸成することが可能である。「雑草のうた」、「生きる」などのように、自分自身の生き方にも関わる群読詩もいくつか入っている。子どもたちが活き活きと活動するのは、間違いないと想像する。是非、使っていただきたいと考える。

拙著の中の教科書教材の扱いでは、実際には、何ページにも及ぶものを二ページでまとめているものもある。もっと、詳しく書きたかった部分もあるが、紙面の都合等で簡潔に書いている。もう少し、分かるように書ければよかったと内心思っている。

自分の作った群読詩であるが、子どもたちにうけたもの、多くの先生方から好評だったものが多いことは先に述べた通りである。ただ、中には、実践の乏しいものもある。この本が、多くの教室等で使われることを願ってやまない。そして、是非とも実践をしていただき、ここで、このような反応があった、ここは、こうした方がよかったなどの、ご意見、ご感想、あるいはご批判をお寄せいただけるとありがたい。

秋山欣彦

【著者紹介】

秋山　欣彦（あきやま　よしひこ）
1957年埼玉県生まれ。新潟大学教育学部卒。
2018年３月，埼玉県上里町立上里北中学校退職。
〈著書〉
『スイスイ書ける作文ゲーム18選』（明治図書）他

学級経営・行事にも使える！
わくわく楽しい群読指導＆群読詩

2020年11月初版第１刷刊　©著　者　秋　山　欣　彦
発行者　藤　原　光　政
発行所　明治図書出版株式会社
http://www.meijitosho.co.jp
（企画）林　知里（校正）井草正孝
〒114-0023　東京都北区滝野川7-46-1
振替00160-5-151318　電話03(5907)6703
ご注文窓口　電話03(5907)6668

＊検印省略　組版所　株式会社アイデスク

Printed in Japan　ISBN978-4-18-387817-5
JASRAC 出 2003896-001